含英咀華

玉津

一本书读懂内控管理：
全场景风险防控实战指南

周延昕　马津　著

www.waterpub.com.cn

·北京·

内 容 提 要

在当今复杂多变的商业环境中,内部控制(简称内控)管理已成为企业稳健发展的关键。本书由业内资深专家精心撰写,作者通过故事情景描写来阐释专业知识,旨在为读者提供全面、深入且实用的内控管理知识。

本书系统地阐述了内控管理的基本概念、重要原则和核心要素,通过丰富的案例分析,将抽象的理论转化为生动的实践场景,让读者清晰地了解内控管理在企业运营中的具体应用和实际效果。

本书不仅涵盖了财务、审计等传统领域的内控管理要点,还深入探讨了人力资源、信息系统、风险管理等新兴领域的内控管理挑战与应对策略。同时,本书还详细介绍了如何建立有效的内控体系,包括制度设计、流程优化、监督机制等关键环节。

无论是企业管理者、财务人员、审计师,还是对企业管理感兴趣的读者,都能从本书中获得宝贵的启示和实用的操作指南,以提升企业管理水平,降低风险,实现可持续发展。

图书在版编目(CIP)数据

一本书读懂内控管理:全场景风险防控实战指南 / 周延昕,马津著. -- 北京:中国水利水电出版社,2025.9. -- ISBN 978-7-5226-3595-8

Ⅰ. F272.3

中国国家版本馆 CIP 数据核字第 2025HZ9016 号

选题策划:陈正侠

书　　名	一本书读懂内控管理:全场景风险防控实战指南 YI BEN SHU DU DONG NEIKONG GUANLI: QUANCHANGJING FENGXIAN FANGKONG SHIZHAN ZHINAN
作　　者	周延昕　马津　著
出版发行	中国水利水电出版社 (北京市海淀区玉渊潭南路 1 号 D 座　100038) 网址:www.waterpub.com.cn E-mail:zhiboshangshu@163.com 电话:(010)68545888(营销中心)
经　　售	北京科水图书销售有限公司 电话:(010)68545874、63202643 全国各地新华书店和相关出版物销售网点
排　　版	北京智博尚书文化传媒有限公司
印　　刷	北京富博印刷有限公司
规　　格	148mm×210mm　32 开本　8.25 印张　198 千字
版　　次	2025 年 9 月第 1 版　2025 年 9 月第 1 次印刷
印　　数	0001—3000 册
定　　价	69.80 元

凡购买我社图书,如有缺页、倒页、脱页的,本社营销中心负责调换

版权所有·侵权必究

推荐序一
Preface I

光阴荏苒，相隔二十载再遇马津，他已从一个初出茅庐的大学生成长为一位才华横溢的谦谦君子！马津不但在专业领域厚积薄发、事业有成，同时还积极推动专业知识的普及。他在过去的日子里以财务知识普及为主题，创作了数本涉及财务各方面内容的书籍，成绩斐然，影响深远，可喜可贺。

前不久，马津提到近期要出版一本和内控专家周延昕老师合作编写的内控实务书籍并邀我为其写序，让我感到无比荣幸！我挑灯夜读此书稿时，在脑海中不禁浮现出作者过去多年在专业服务过程中的点点滴滴，感慨良多之余，惊喜作者深厚的专业功底，更可喜的是作者的文笔风格浅白流畅，深入浅出，把艰深难懂的理论和词汇生动又通俗地阐述出来，让读者轻松掌握相关知识，在面对内控管理相关问题时，不再云里雾里，束手无策！我深信这本新作会对推动和普及有关内控管理知识嘉惠良多！

近年来，随着经济和商业模式的不断发展、更迭和创新，以及人工智能和数字化技术越发广泛的应用，内控管理的内容越发复杂和深涩难懂，衷心希望马津在他的新作中能继续展示他的才华和专业知识，为广大读者提供"指路明灯"！

回顾《一本书读懂内控管理：全场景风险防控实战指南》，我深受感动。作者不但对内控管理知识有深刻的领悟，同时能不懈努力地创作和分享自己的见解和经验，实属难能可贵！期待作者能再接再厉，创作出更多的优秀作品，为推广、普及与发展内控管理知识添砖加瓦！

德勤中国荣誉合伙人

德勤华北区原税务主管合伙人

吴嘉源

2024 年 10 月

推荐序二
Preface II

我读到马津兄和内控专家周延昕老师合著的《一本书读懂内控管理：全场景风险防控实战指南》时，感到非常欣喜和期待。马津兄和周延昕老师凭借多年的实践经验和理论积淀，通过生动的案例和通俗易懂的语言，把原本复杂的内控管理知识化繁为简，将其背后的逻辑和意义娓娓道来。这本书像是一位耐心的导师，带领读者一步步走入内控管理的世界，帮助读者理解并运用相关知识。

本书通过生动平实的语言，深入浅出地讲解了内控管理中各个概念的含义及其背后所反映的企业运营状况，让读者能够快速掌握分析内控管理的核心要点。即使是毫无内控管理基础的读者，也能在阅读过程中逐步建立起对内控管理的基本理解。

马津兄和周延昕老师用心血和智慧创作了这本实用性强、可操作性高的书籍，我相信并祝愿不管是初涉内控管理的新人，还是希望在相关领域更上一层楼的专业人士，本书都能成为你的良师益友。在未来，我也期待作者能够继续创作更多类似的实用书籍，助力更多企业家及相关使用者走上财务自由和成功之路。

毕马威中国

川渝地区首席合伙人

谭伟

2024 年 10 月

推荐序三
Preface Ⅲ

很高兴获悉马津兄和内控专家周延昕老师合著的《一本书读懂内控管理：全场景风险防控实战指南》即将付梓，我亦有幸提前拜读了书稿。

本书的内容框架让我感觉耳目一新，逻辑线条亦简明有序：从为什么到是什么，从怎么做到怎么看，由浅入深又娓娓道来。可以看出，此书是作者极用心写就的。书中各章节直击企业内控管理的重要问题，极大地方便了读者查阅。

马津兄在书中融入了很多他个人对财务和企业经营的宝贵经验和思考，当然，他在这方面是有足够的发言权的：作为英国特许公认会计师协会（ACCA）资深会员、财务咨询及风险管理咨询业务专家，他主导了200多家大型国有企业乃至央企及上市公司的财务咨询、内控及风险管理项目。他在本书中把复杂的大道理融为简明、清晰的小故事，让读者容易理解和接受，且记忆深刻。从这一点上，看得出马津兄是为读者着想的，而不是专注于书写自己的内容。

由于工作原因，我和同事与马津兄有许多接触。除了老本行财务工作之外，马津兄涉猎之广令我惊讶又敬佩。他在书法、诗词、葡萄酒品鉴等方面至少都是专业水准甚至是业内翘楚，在不同领域收获了包括我在内的一众粉丝。当然让我感受更深刻的是他在专业上的勤学不辍、与时俱进、乐于分享，生活中的兼收并蓄、意气风发，无论对人对事都抱有一份积极、乐观、向上的心态，感染的不仅是年轻人，也包括我等同辈人，也很好地诠释了ACCA"终身学习""打破边界"的态度，让接触他的人感受到了他的个人魅力。

最后，读完此书，如同听了一次公开课，亦如同扮演了一次客户，内控管理的迷雾被作者层层拨开。正所谓"妙言至径，大道至简"，原来内控管理即如此，希望大家和我一样得出这样的结论。

英国特许公认会计师协会（ACCA）

中国内地事务总监

于翔天

2024年12月

前 言
Preface

内部控制的本质是查错防弊

内部控制贯穿了商业经营的萌芽、兴起、壮大的全过程。小到山西票号、京城当铺柜台上"唱收唱付"的规矩,大到上市公司的强制内部控制审计政策,本质上都是"查错防弊"。同时,部分财务造假、经营舞弊案例也从事实上申明和强调了内部控制是商业经营活动绝对必要的保驾护航机制。

内部控制理论是惨痛教训的总结

内部控制从实践到理论,就像交通法规一样,每一条每一款都是惨痛教训的总结。人们很早就意识到"两个或两个以上的个人或部门无意识地犯同样错误的可能性很小;两个或两个以上的个人或部门有意识地串通舞弊的可能性大大低于单独一个人或部门舞弊的可能性",这就是"内部牵制"理论。

内部控制的目的是帮助企业增加价值

在商业经营管理中，涉及财产物资和货币资金的收付、结算、登记等工作任务时，安排两个甚至多个人员处理，彼此形成牵制显然是明智的。但仅仅局限在建立和完善"内部牵制"机制的内部控制是远远不够的。相对于有完善法规支撑的"会计控制"，"管理控制"更加灵活，且必须根据企业自身实际进行内化，特别是在"决策权、执行权、监督权"方面的合理配置以及高效运作，更是企业管理者必须深入思考和认真筹划的关键环节。

粗浅认识，严密思路，拓宽视野

写这本书的目的，就是从内部控制的经典案例、政策要求、主要原则、建议指引等多个层面，用简明清晰的文字语言来解读内容丰富的内部控制理论及其逻辑构架，辅助读者了解、完善、应用内部控制，规范经营管理，规避经营风险。

周延昕　马　津
2025 年 1 月

人物介绍
Character Introduction

老虎——一家大型民营企业集团下属投资公司总经理,刚刚履新,面对内控和风险管理,显得无所适从。

花豹——老虎的同窗,目前在一家咨询公司担任风险管理服务合伙人,主要从事内控和风险管理咨询服务。此次受老虎的委托,给老虎扎扎实实讲了什么是内控和如何开展内控工作。

兔子——老虎的下属,主要负责公司的内控体系搭建工作,是花豹的"第二个弟子"。

目录
Contents

推荐序一 …………………………………………………… I

推荐序二 …………………………………………………… III

推荐序三 …………………………………………………… V

前　言 ……………………………………………………… VII

第一章　内控体系建设是企业发展的必然选择 ………… 001

第二章　内控是风险防范的过程 ………………………… 011
　　第一节　内控是个过程 ………………………………… 014
　　第二节　内控侧重于内部 ……………………………… 017

　　第三节　内控防范的是风险 …… 020

第三章　实施内控不得不知道的事情 …… 025
　　第一节　《萨班斯－奥克斯利法案》 …… 026
　　　　一、《萨班斯－奥克斯利法案》的由来 …… 026
　　　　二、《萨班斯－奥克斯利法案》的简介 …… 030
　　　　三、褒贬不一的《萨班斯－奥克斯利法案》 …… 042
　　第二节　其他版本《萨班斯－奥克斯利法案》 …… 044
　　　　一、我国内控的起源 …… 044
　　　　二、我国内控的适用范围及时间要求 …… 045
　　　　三、其他主要国家和地区关于内控的类似要求 …… 047

第四章　内控体系建设的工作思路 …… 049
　　第一节　内控体系建设由谁来做 …… 051
　　　　一、财务部 …… 051
　　　　二、审计部 …… 051
　　　　三、外部专业人士 …… 052
　　第二节　内控体系建设总体思路 …… 055
　　　　一、理清内控体系建设的思路 …… 055
　　　　二、确定内控体系建设的工作成果 …… 057
　　　　三、把握内控体系建设的递进逻辑关系 …… 059
　　　　四、注重内控体系建设的本土化接轨 …… 062
　　　　五、成立公司内控体系建设的组织形式 …… 063

第五章　内控体系建设的理论依据 …… 067
　　第一节　《企业内部控制基本规范》 …… 069
　　　　一、内部控制的五大目标 …… 070

二、内部控制的五大要素 …………………………… 076
　　三、内部控制的五项原则 …………………………… 076
　第二节　《企业内部控制应用指引》………………………080
　　一、应用指引的分类 ………………………………… 081
　　二、基本规范与应用指引的对应关系 ……………… 082
　第三节　《企业内部控制评价指引》和《企业内部控制审计指引》…084

第六章　开展内控体系建设的工作步骤……………… 085
　第一节　内控设计有效性评估 ……………………………087
　　一、计划阶段 ………………………………………… 088
　　二、评估阶段 ………………………………………… 091
　　三、整改与试运行阶段 ……………………………… 102

　第二节　内控执行有效性评估 ……………………………105
　　一、计划阶段 ………………………………………… 105
　　二、评价实施阶段 …………………………………… 112
　　三、缺陷认定与报告阶段 …………………………… 121

第七章　内控体系建设的基本内容……………………… 125
　第一节　内控的基础——内部环境 ………………………127
　　一、治理结构 ………………………………………… 128
　　二、机构设置 ………………………………………… 132
　　三、权责分配 ………………………………………… 134

　第二节　内控的风向标——风险评估 ……………………137
　第三节　内控的核心——控制活动 ………………………142
　　一、不相容职责分离 ………………………………… 143
　　二、授权审批控制 …………………………………… 146
　　三、预算控制 ………………………………………… 150

第四节　内控的重要环节——信息与沟通 …………………… 152

第五节　内控的重要手段——内部监督 …………………… 156

　　一、审计的定位与职责 …………………… 157

　　二、审计的方法 …………………… 157

附　录 …………………………………………………………… 159

附录一：内控相关政策清单 …………………… 160

附录二：内控常见风险清单 …………………… 160

附录三：内控常见不相容岗位清单 …………………… 164

附录四：《企业内部控制基本规范》 …………………… 165

附录五：《企业内部控制评价指引》 …………………… 176

附录六：《企业内部控制应用指引》 …………………… 182

编后记 …………………………………………………… 245

第一章

内控体系建设是企业发展的必然选择

老虎被集团公司任命为下属一家投资公司的总经理。该投资公司成立时间较短，主要任务是围绕集团公司总体产业布局，开展股权投资业务。由于公司成立不久，目前业务和人员规模都不大。通过几个月的工作磨合，老虎已经逐步适应了新的工作岗位。但是最近有件事情让他觉得有些困扰。

就在前不久，集团公司下发了《关于进一步推进下属公司内控体系建设的通知》，要求集团公司下属的各个单位均按照集团要求，进一步完善内控体系，并在年末向集团公司提交内控体系建设及评价报告。这项工作也将作为年度重点工作之一，纳入老虎的年度绩效考核指标中。

老虎之前虽然听说过"内控"这件事，但是作为公司负责人，对如何有效推进公司内控体系建设工作还是感觉像眼前摆了个刺猬，不知道怎么咬第一口。左思右想后，他突然想起自己的老同学——花豹似乎是专业从事内控体系建设咨询工作的，便赶紧和他联系。

"花豹啊，我记得你们公司是专门为企业提供内控咨询服务的公司。你最近哪天有时间出来坐坐，我请你喝咖啡啊！"

"咱俩老同学，你只能请我喝酒。不过我这几天忙得很，你先说事儿吧，等我这一阵子忙完了，再去'杀你个片甲不留'。"

"哈哈，还得是老同学啊！那我就直说了啊。我们集团公司刚刚下发了一个通知，要求我们完善内控体系，年底还要交报告。现在都4月了，我这还不知道具体要怎么弄呢。你能不能从专业的角度给我科普一下，然后再帮我捋捋思路、提提建议，看看我怎么开展这项工作比较合适？"

"你这算盘打得真响，一顿饭打听这么大个事儿。不过话说回来，内控体系建设说起来还有点复杂，一句半句的真不那么容易讲清楚。不如虎总先说说你对内控这事儿知道多少吧，我也好看看咱们从哪儿说起啊。"

"我就只知道 2008 年，财政部等五部委联合发布了《企业内部控制基本规范》和配套指引。这不是刚买了书打算学习一下，但是感觉概念性的内容看了也还是不太清楚该怎么做。集团公司原来做过内控体系建设，就记得当时请了个内控咨询公司来，找各个部门负责人访谈，访谈了一大圈后，挑了一大堆毛病，还提了不少整改建议，后来还出了一本内部资料，叫《内控手册》。

说实话，书发下来，我就看了看我自己负责的那一摊儿事儿。集团审计部当时还专门给我们做过培训，怎么用这本书。我这不是还没捂热乎就给我派下来了嘛。之前都是老师让干啥就干啥，现在两眼抹黑啊。对了，我现在到的这家公司刚刚成立一年，我问了一下，目前还没有编制《内控手册》。"

"不错，看来你对内控的认知不能说一无所知，只能说较为浅薄。那我周末见你一面，先给你科普一下吧。"

周末，老虎和花豹约在了一家茶馆见面，开启了老虎的学习内控知识之路。

"就像你之前提到的，内控管理包含了不少的理论概念，只讲理论估计你现场就能睡着，我先讲个故事让你体会一下吧。"花豹抿了一口茶。

【案例】某大型房地产企业"90后"出纳的"暴富"之路

"某大型房地产企业连续5年位列《财富》世界500强榜单。截至2023年上半年,公司已签约或已摘牌的中国内地项目总数为3103个,业务遍布中国31个省(自治区、直辖市)、298个地级行政区划、1398个县(镇区)。

2021年被曝出其旗下××区域某公司的一名"90后"出纳李某挪用了4800万元公款的重大问题,我给你说说他是如何一步一步地闪躲腾挪的。

李某于2019年7月与公司签订劳动合同,在××大区任出纳。

这种房地产企业下属的项目公司很多,涉及的银行账户也多。公司每名出纳掌握了100多个对公账户。按照规定,公司账户的网银制单盾由出纳保管和使用,复核盾由项目上的财务负责人保管和使用。公司规定资金结算组,也就是出纳,只能保管和使用制单盾,不能保管和使用复核盾。公司每划拨一笔钱,需要出纳使用制单盾填写收款户名、账户、开户行、转账金额等信息,然后再告诉项目财务负责人,由财务负责人使用复核盾进行复核,复核通过后完成转账付款。"

"我们公司也是出纳保管制单盾,财务经理保管复核盾,应该没有问题吧?"老虎忍不住插嘴。

"规定当然没毛病,架不住当事人灵活啊!李某作为出纳,负责公司旗下十余个项目公司的资金结算工作,共涉及117个银行账户。但不知道为什么,其中2个银行账户——齐鲁银行A账户和渤海银行B账户的制单盾和复核盾都在李某手里保管着。"

"那完了,这样的话,他可以把账户里的钱随便转来转去啊。"

"虎总您英明。一开始,李某利用了公司资金池拨付程序的漏洞。

程序上，如果需要从集团公司的资金池申请资金，只需通过制单盾在SAP企业管理系统中提出申请，系统自动审批，没有金额限制，也不需要任何领导的审批。

李某利用这个漏洞，多次从资金池中申请拨付资金到A账户或B账户，然后再利用制单盾和复核盾同时在手的机会，将资金转到自己的个人账户上。

之后，资金池拨付程序改了，他没有了可乘之机，就又找到了第二种方式，以支付监管资金的名义来做资金划转。李某使用自己的用户名和密码登录SAP企业管理系统，以支付监管资金的名义发起资金划转流程。

正常来讲，资金划转流程经相关人员审批通过后，监管资金账户的钱会转到公司名下的浦发银行账户，但是李某在审批完成后将监管资金的收款账户私自更改为了A账户或B账户，然后再将资金转到自己的个人账户上。

第三种方式是更改对外付款流程中的收款方。李某使用自己的用户名和密码登录SAP企业管理系统，查看集团公司其他子公司的对外付款流程，这个对外付款流程不是李某在系统中发起的申请，是其他子公司自己操作完成的。

SAP企业管理系统中，一个对外付款流程会生成相对应的一个资金下拨流程，单击'申请下拨'按钮后，SAP企业管理系统会自动打开填写收款单位、账户和金额的链接，这个链接会显示原申请对外付款流程的公司名称、对应账户和申请的金额，这时李某再将收款单位和账户私自更改为A账户或B账户，然后再将资金转到自己的个人账户上。

他每次篡改的都是金额不超过 5 万元的资金下拨单，由于每家子公司账户里面大多有很多钱，集团资金池少下拨 5 万元也没有引起各子公司的关注，所以一直没有被发现。"

"这小伙子总能找到公司支付管理的漏洞！"老虎硬是笑出了声。

"公司原本规定了，每个月要针对所有账户编制银行余额调节表进行对账，用以检查资金余额是否准确、资金使用是否正确。

但在实际操作上，公司对出纳的监督是每月月末对其所管理的每个账户进行核对，主要核对账户余额。每个出纳在月底时，将各自负责的对公账户的网上银行余额进行截图，其他出纳再将网上银行余额同 SAP 企业管理系统上显示的账户余额进行核对，以保证账账相符。

李某在挪用公司公款后，对网上银行账户的正常余额截图进行篡改，再将篡改后的余额截图发给其他出纳进行检查核对，所以其他出纳并没有发现账户余额不一致的问题。"

"这听上去怎么觉得好像都对，但又好像都不对呢！你继续。"

"直到有一次，李某一次性将 63 万元的资金转到了自己的个人账户上，因为是公对私的大额转账，引起了银行的注意。银行打电话到公司进行确认的时候，才发现出现了问题。通过找李某问询、倒查的方式，查出了 4800 万元的窟窿，但是为时已晚。

这些钱都被李某消费了。最终，李某因职务侵占罪被追究刑事责任，并被判处有期徒刑 12 年。"

（信息来源：中国裁判文书网，内容有删改）

听到这里，老虎不禁感叹道："4800 万元都消费了！"

"总结一下，"花豹继续道，"这个故事反映出公司在资金管理上的几个薄弱环节：

第一，同一个人既保管银行账户的制单盾，又保管复核盾，不满足职责分离（Duty Segregation）的要求。职责分离是财务管理最基本的要求。如你所说，一个人同时掌握某个账户的制单盾和复核盾，就可以完全掌握这个账户里的资金。

虽然公司在制度上要求了应当分开保管制单盾和复核盾，但像这种拥有如此多银行账户的情况，实际执行不到位就很容易出问题。公司应该定期检查所有账户制单盾和复核盾的实际保管情况，不然丢了或被人盗用都不容易被发现。

第二，公司的付款审批流程有问题。根据资金使用的不同类别，公司采用了不同的资金下拨流程，但像这种申请资金拨付不需审批，或审批完成后还可以由他人随意更改收款单位和收款金额的情况，都存在很大的内控漏洞。所谓审批，应该关注的主要事项就是支付事项是否真实存在、收款方和收款账号是否准确、金额是否准确等。

还有，公司既然应用了 SAP 企业管理系统，而系统却允许个人修改其他人发起的资金拨付申请，这说明系统的权限设置也有问题。当然，系统权限设置的问题还可能让人联想到是不是当初有人刻意为之，而为以后可能的舞弊行为制造便利，而无意中又被案例中这个小伙子利用了呢？

第三，公司的对账流程存在问题。银行对账的目的就是保证账账相符、账实相符。自己负责的账户，由自己从网上截取余额截图，这样的过程过于敷衍了，完全丧失了对账纠错和监督的意义。

另外，一般公司都要求既要核对余额，又要核对每笔账款的发生额，如果仅仅核对余额而不核对发生额，则明显存在'甲贷乙用'等资金管理漏洞，省略对账步骤的结果就是纠错监督机制形同虚设。"

"嗯，我以前在一家公司财务部实习的时候，做过银行对账工作。那时候还没有网银，月底会计去银行打印银行对账单，然后我负责将纸质对账单上的交易与出纳的银行日记账逐笔进行核对，每核对一笔就在银行对账单上做个标记。

然后会计再将出纳的银行日记账和财务系统里的银行明细账进行核对，编制银行余额调节表。一个银行账户有好几百条信息，对得我都要对眼儿了！那会儿我还觉得挺麻烦的，想着是否真的有必要每笔账都核对。这么看来，我们当时做得还是挺好的。"

"没错，除了出纳辛苦一些之外没毛病！

刚才说的这些问题都可以归结为公司内控管理上的漏洞，而且这些环节相互之间还存在着一定的关联性。

比如李某采用的第一种方式是从集团资金池申请下拨资金，资金的接收方是申请方的公司账户，理论上确实可以不用再次复核，IT人员在设置系统的时候应该考虑过这个问题。但前提是公司账户的制单盾和复核盾是由不同的人员保管，这样才能保证资金的安全。

而李某同时拥有了同一账户的制单盾和复核盾才给了他可乘之机。如果公司内控工作到位，如仔细核查制单盾和复核盾的保存情况，对账工作做得扎实、到位，及时发现账户上多出的转账信息等，都有亡羊补牢的机会。

再比如说，虽然他手里同时拥有某个账户的制单盾和复核盾，但是如果系统中每笔资金的拨付都要经过审批，且审批完成后相关信息不能被修改，那么他也没机会把钱转到A账户和B账户上。

公司资金管理的最基本目标之一就是要保证资金的安全，防范资金被盗用的风险。上面总结的制单盾和复核盾的分开保管、资金支付的授权审批、月末银行对账、系统设置等都是为了防范或降低资金被盗用的风险所能采取的基本控制措施。

另外，不同的企业所能采取的内控措施也有所不同。例如，对于类似这种银行账户众多、网银U盾很多的单位，还应该定期盘点、检查U盾的保管和使用情况等。

让我喝口茶歇会儿，虎总听完了我这滔滔不绝的讲述有没有一些想法？"

"你讲的这些让我想到了'奶酪原理'。

'奶酪原理'是一个源自安全管理的理论。'虽然单片奶酪有很多孔洞，但光线仍然无法穿透整块奶酪，因为每一片奶酪的孔洞并不会与其他片奶酪完全重合'。

从安全管理的角度来看，任何制度和流程就好比单片奶酪，都可能存在天然的漏洞和执行不到位的情况，但多个相互印证、检查的机制重叠、配合，对每个环节时刻保持警惕，克服松懈和侥幸心理，则可以保证整个系统的安全。我们要做的，就是尽可能减少每片奶酪的孔洞，并保持多片奶酪的安全叠加。

从你刚讲的这个例子来看，为了保证资金安全，公司对于资金管理制定了一系列的规定，一个规定就是一片奶酪，一系列规定就是多片奶酪的叠加。但由于'奶酪'叠加得还不够充分，或者没有合理叠加，李某才有了可乘之机。"

"没错，你说的一系列的规定，可以理解为我们所说的'内控措施'，而你说的不充分或者薄弱的地方就是'控制缺陷'。"

"要这么说，内控措施其实离我们很近啊，基本上都是我们日常在做的事情，只不过是做得好与不好的问题。"

"那么请问,在我刚讲的故事中,采取种种内控措施的目的是什么?"

"你刚才不是说了嘛,为了防止资金被盗用啊!"

"在这里,'资金被盗用'就是内控理论中所说的风险,公司为了防范资金被盗用的风险,制定了一系列的内控措施。理解了这一点,对你日后的工作有很大的帮助。"

"噢,明白了!你想强调的是采取内控措施是为了应对风险。那风险又是什么?怎么能知道我们公司有哪些风险?"

"别急啊,你是不是觉得这一上午你就能'毕业'了?告诉你,还早着呢。"

第二章
内控是风险防范的过程

"通过刚才给你讲的故事，你应该对内控有了一个初步的认识。现在我们来讲点儿理论知识，学习总是要理论与实践相结合才对嘛！

那现在我们来讨论一下内控究竟是什么，控制的是人还是事儿？

不同的机构对于内控的定义有所不同，但它们又存在许多的相似点。下面是不同机构对于内控的定义。

美国注册会计师协会（AICPA）、美国会计协会（AAA）、财务经理人协会（FEI）、内部审计师协会（IIA）、美国管理会计师协会（IMA）联合创建了反虚假财务报告委员会（通常称 Treadway 委员会），旨在探讨财务报告中产生舞弊的原因，并寻找解决之道。

基于该委员会的建议，其赞助机构成立了美国反虚假财务报告委员会下属的发起人委员会（The Committee of Sponsoring Organizations of the Treadway Commission，COSO），专门研究内控问题。

1992 年 9 月，COSO 发布了《内部控制——整合框架》（IC-IF），简称 COSO 报告，并于 1994 年对其进行了增补。这些成果马上得到了美国审计署（GAO）的认可，美国注册会计师协会也全面接受其内容并于 1995 年发布了《审计准则公告第 78 号》。

由于 COSO 报告提出的内部控制理论和体系集内部控制理论和实践发展之大成，成为现代内部控制最具有权威性的框架，因此在业内备受推崇。

COSO 报告中表述：内部控制是由公司董事会、管理层和其他员工实施的，为实现经营的效果性和效率性、财务报告的可靠性以及适用法律法规的遵循性等目标而提供合理保证的一个过程。

为了加强和规范企业内部控制，提高企业经营管理水平和风险防范能力，促进企业可持续发展，维护社会主义市场经济秩序和社会公众利益，财政部等五部委联合发布了《企业内部控制基本规范》(财会〔2008〕7号)。

《企业内部控制基本规范》中表述：**内部控制是由企业董事会、监事会、经理层和全体员工实施的、旨在实现控制目标的过程。**"

"等一下！我发现这几个定义虽然是不同机构制定的，但是它们在描述上存在一定共性：都提到了'实现目标'，'程序'或'过程'，'在单位内部实施'或'由公司董事会、管理层和其他员工实施'等内容，这难道就是内控的特点？"老虎兴奋地总结道。

"没错，让我结合多年内控咨询的经验以及很多人针对内控提出的问题，给你讲讲我理解的内控吧。"

第一节
内控是个过程

"虽然我从 2004 年就开始从事涉及美国《萨班斯-奥克斯利法案》的咨询工作了,但是接触国内上市公司的内控体系建设工作还是在 2012 年。当时服务的对象主要是在上海证券交易所、深圳证券交易所上市的国资背景企业。

2006 年,上海证券交易所和深圳证券交易所出台了各自的《上市公司内部控制指引》。因此在我服务这些上市公司的时候,它们基本上已经按照相关证券交易所的要求开展了内控体系建设工作。

当时,通过与这些企业的领导进行接触,我发现有很多领导错误地认为内控仅仅是一项上级交办的工作,他们已经完成了。至于接下来怎么持续执行,大部分人还是不知所措。

我记得有一家集团公司要开展内控体系建设工作。从集团公司的角度来讲,内控体系搭建的范围不仅要包括集团本部,还要包括下属各个分子公司。

在设计总体工作方案之前,需要先对集团公司的总体情况进行了解。从了解中得知了集团公司下属有好几家上市公司,它们按照相关证券交易所的要求,已经开展了内控体系建设的工作。于是我们提出要对这几家上市公司的内控情况进行调研。"

"我们也是一样的。集团公司下面有两家上市公司。之前集团公司统一给本部和下属子公司做了内控体系建设,但是像我所在的这样新成立的公司,没赶上,现在要求新成立的公司自己建设了。"

"没赶上就没赶上吧,那会儿还是企业内控体系在我国刚开始建设没多久的阶段,大家对内控的理解也还不够深刻,与现在相比可完全不是一回事了。我现在还能记得当时去那家集团公司下属上市公司调研的情况,"花豹把玩着手里的茶杯垫儿,陷入了回忆,"'请问贵公司的内控管理现状是怎样的?'

'我们公司是在上海证券交易所上市的公司,上海证券交易所对上市公司内控管理是有明确要求的。当然了,我们公司也很重视内控管理,在政策出台以后,第一时间就聘请了咨询公司,把内控体系建立了起来。'

'请问贵公司的内控管理目前都形成了一些什么样的成果?'

'我们公司现在与内控有关的手册有两本,一本叫《内控手册》,一本叫《内控评价手册》。它们都是咨询公司帮着做的,做得漂漂亮亮的,要说人家还是专业,你看,现在还在柜子里摆着呢!'

'请问贵公司是如何使用这两本手册的?'

'我们公司每位领导都有一套手册,各部门大多也会有一套(也有部门没有)。我们在日常工作中不依照手册,主要还是依照公司的制度。遇到有外部人员来检查,问我们有没有建设内控体系时,我们就把手册拿出来让他们查阅。'

'请问这些手册有没有定期更新?'

'这个好像没有哦。听说这次集团公司要进行内控体系建设,也会涉及子公司,是不是会一起更新?'

'我先把问题都问完再回答您的问题。最后一个问题,请问贵公司每年年报对外披露内控评价报告时,都会做哪些评价工作,最终形成评价报告呢?'

'评价工作是由集团公司审计部门负责的,报告是董事长办公室负责起草，然后按照公司的议事规则审批以后对外披露的。'"

"该公司的《内控手册》和《内控评价手册》质量怎么样？"老虎好奇地问。

"后来我们看了一下该公司的《内控手册》和《内控评价手册》，里面主要是一些原则性的东西，说句实话，内容比较虚，对实际操作不具有指导意义。而且封面都落灰了，一摸一个手印儿，印象蛮深刻的。"花豹边说边喝了口茶，一边吩咐服务员再添点热水。此时空气安静，店里音乐的旋律一下子清晰了起来。

"那时候，大家对于内控的认识确实不足，认为《内控手册》编制完成了，建设内控体系这件事情也就结束了，至于后续如何使用手册，甚至《内控手册》是不是需要定期更新等都没有明确的概念。

所以后来我每次给别人进行内控培训的时候，都会跟大家强调一句话，今天我也分享给你：内控是个持续的过程，只有开始，没有结束；只有精进，没有止境。

这句话包含了两个层面的意思。首先，随着企业所面临的外部环境、战略目标、内部结构等因素的变化，内部控制也将有所变化，因此需要持续不断地完善企业的内部控制。

其次，为了确保内部控制的有效性和适用性，内部控制需要评估、监测和完善，再评估、再监测和再完善，这是一个循环往复的过程。"

"这么说的话，我好像有点明白了。之前在集团公司的时候，每年总裁办公室都会发通知，收集各部门是否需要对制度、流程进行调整的信息，如果有，我们就上报需要调整的内容，然后由总裁办公室统一处理。这么做的原因应该就是你说的'内控是个持续的过程'。"

"对，这才是内控该有的状态。"

第二节
内控侧重于内部

"接下来我想说的是,内部控制讲的是在企业内部实施的措施。当然,按照国家相关规定,事业单位、行政机关也要开展内控工作,但本书咱们只谈企业的内控啊。

你看,内部控制从字面上已经明确了它的实施范围,一定是在企业内部。根据财政部等五部委联合发布的《企业内部控制基本规范》中的定义,内部控制的实施主体包括公司董事会、监事会、经理层和全体员工在内的内部人员。但我接触过的很多企业,往往忽略了这一点。

在协助一家在美国上市的本土企业进行年度内控自我评价时,我们了解到该公司编制财务报表的程序。

该公司在日常工作中按照中国会计准则记账并编制财务报表,每年年末再按照美国会计准则的要求将按中国会计准则编制的财务报表进行准则差异调整,从而转换为用于美国上市披露的财务报表。

该公司财务部仅有一人熟悉美国会计准则的要求,负责进行准则差异调整,报表调整完成后直接提交给外部审计师进行审计。

评价过程中我们认为该公司在美国会计准则下的财务报表缺乏独立人员的复核,有可能导致报表编制得不准确。

但在与该公司财务经理的沟通过程中,财务经理对我们说:'报表不会不准确的,外部审计师会帮助我们审核的。他们都是专业的,他们说没有问题就肯定没有问题。'

实际上,这是一个很典型的对内控的错误观念。**外部审计师作为**

独立的第三方,其职责是对企业财务报表反映的会计信息做出客观、公正的评价。换句话说,提供真实、准确、完整的财务报表是企业管理层的责任。审计师作为'裁判员',怎么可能亲手参与报表准确性的调整呢?"

老虎有点困惑了,问:"我怎么也听说审计师可以帮着搞定财务报表的编制呢?"

花豹挥挥手,说:"外部审计师不属于公司内部人员,他对报表的审核不属于由公司内部人员所执行的控制。因此,这种情况往往会被内控审计人员判定为该单位缺乏拥有美国会计准则经验的专业人员而导致'内控无效'。"

"那我有个问题,"老虎高高举起了自己的手,"如果是公司聘请了一家具有足够经验的第三方作为服务方为公司编制在美国会计准则下的财务报表,这种情况是算内部控制还是外部控制呢?"

"这个问题问得好!这种情况下可以将'公司聘请专业第三方负责为公司编制在美国会计准则下的财务报表'当作公司采取的内部控制措施。

为什么这么说呢?你想啊,此时公司聘请的第三方服务机构是对谁负责的?上面提到的第三方审计师又是对谁负责的?还有更简单的判别方法,管理层付款了,那么咨询公司就对管理层负责。

审计师不一样啊,审计师是股东大会委托董事会聘请的,那么审计师就对全体股东负责。

关于是内部控制还是外部控制的问题,我还经常遇到一种情况:有时在上市公司的《内控手册》中会出现'××事项须经上级公司审核',并且把'上级公司的审核'当作本公司的内部控制措施进行记录。"

"我们公司也有很多事情需要报集团公司审批,审批通过了我们才能执行,这有什么问题吗?"老虎表示很疑惑。

"说到这里,就有点复杂了。首先,按照我之前举的例子,你认为'上级单位的审批'属于公司内部还是外部?"

"'上级单位的审批'是对集团公司负责的,审批关注的是该事项是否在集团公司许可的范围内,不是对上市公司这一级负责的。"

"没错,从这点上来看,这个控制措施不应该体现在上市公司的内控范围。

另外,你听说过一个词叫'上市公司独立性'吗?"

"当然,'上市公司独立性'要求上市公司的人员、资产、财务分开,机构、业务独立,各自独立核算、独立承担责任和风险,以有效保障上市公司及其中小股东的利益。"

"那么,如果一家上市公司的经营事项需要经过上级单位的审批后才能执行,是不是有不满足独立性要求的嫌疑?**一般情况下,上市公司拥有健全的法人治理结构,大股东通过派驻高级管理人员、董事等方式参与到对上市公司的日常经营管理当中。**

我当然理解,上级单位有自己的考虑,因此要求子公司上报一些重要事项。但作为上市公司来讲,不能把上级单位的审批当作公司的内控措施。"

"那我们公司应该不存在这个问题。我们公司不是上市公司,没有独立性的强制要求。"

"你们公司可以采取'须上报集团公司批准'的控制措施,但该控制措施不能包含在你们公司的内控措施里。"

第三节
内控防范的是风险

"下面我来说说内控到底有什么用?

部分企业员工在不了解内控的时候,会不自觉地产生抵触情绪,因为在他们看来,内控就是在鸡蛋里挑骨头,没事找事,内控体系建设好后,新增的要求只会加大工作量。

也有一些企业以内控实施结果作为绩效考核标准,让员工觉得本来听起来挺好的一件事儿逐渐变了味,变成了管理层手中的一把刀。

给你举个例子:在合同管理流程中一般会要求'合同管理部门应当加强合同登记管理,定期对合同进行统计、分类和归档,详细登记合同的订立、履行和变更情况'。

一个企业对外发生的任何经济行为,除了像零售业务这样的即时结清方式外,都会签订书面合同,这些合同从数量上来说就不少;同时,还需要登记合同的详细信息,对合同的情况进行跟踪,那工作量肯定是比较大的。

因此,很多企业的员工觉得内控实施工作很难做到或者不愿意做。尤其是那些不但对合同的签订有要求,就连对合同的履行和变更也要进行监督的内控实施工作,其中的控制点从结果控制直接变成了过程控制,难度级别一下子提高了。

那么为什么如此设计该关键控制点呢?让我们思考一下背后的设计逻辑。

比如,有一家公司的销售合同由业务人员经办并各自负责保管。

销售人员在尚未完成合同签订手续的情况下就通知库房发了货，之后合同的签订手续就再无人关心。

之后该业务人员离职，公司发现他经手的一笔业务还没有收回款项，于是去催款，这时候才发现公司连双方签字盖章的合同都没有，拿什么去催款呢？

相反，如果公司按照合同管理的要求去登记台账，跟踪合同的情况，按要求及时归档，那至少可以用合同来证明双方之间确实存在经济行为，公司还有可能通过法律途径去催款，从而减少给公司造成的损失。

建立合同台账，跟踪合同情况，在发生合同违约时，就能够根据合同条款尽可能保护公司的合法权益，减少公司损失。其中'建立合同台账，跟踪合同情况'就是我们常说的'控制措施'，而'合同违约'则是公司可能面临的风险。

这样一说，你就应该可以理解，内部控制中的'控制'要'控'的不是人，而是企业所面临的风险。"

"哈哈，我觉得你要讲到关键了。"

"那你说说风险是什么？"

"投资有风险，入市需谨慎？"老虎弱弱地说。

"说得没错，但是稍微片面了一点，怎么理解'投资有风险'这句话？我觉得最直观的就是：你现在投钱进去，不知道未来会怎样，有可能会赚，也有可能会赔。如果赔了，你愿不愿意接受呢？你愿意接受再投，不愿意接受就别投。

大家投资都是为了赚钱，但也可能会赔钱，由于每个人的风险偏好不同，可能做出截然不同的选择。别人不说，我爱人就坚持把钱存银行，但是我身边也有朋友购买了投资产品。

这一截然不同的选择刚好反映出了风险的两个特性：不确定性和损失性。"

"我们公司也一样。我们公司投资一家公司，也不确定是否能盈利。为了尽可能保证公司的投资能够赚钱，公司前期会做很多的工作，包括聘请专业机构进行尽调、内部评估，最终还要经过投委会的表决等。但即使做了很多工作，公司也不能确保投资一定能赚钱。

就拿教培行业来说吧，之前非常火爆，一些教培机构纷纷成功上市。那么理论上，这个行业能构成优秀的投资标的，但是随着国家'双减'政策的出台，整个行业衰退了，这样的行业风险简直没办法预测，对吧。"

"没错。投资是这样，其实干任何事情都可能会有风险，不管是经营企业还是日常生活。你知道我今天为什么坐地铁而不开车来找你吗？"

"因为你的驾驶水平低！"

"原因之一是今天是周末，路上肯定堵车，我有可能会迟到。"

"这话没问题，但是你的驾驶水平不高也是事实！"

"说正经的，刚才提到的'迟到'就是风险，而坐地铁是我为了防止迟到而采取的措施。但是这个风险的发生是有前提的，只有在我跟你有约了以后，才会涉及要出门且有可能迟到。如果今天我没有约，而是出来闲逛的，那就没有这个风险了。

这说明了风险是伴随着行动产生的，只要做事情就会有风险。那么回到企业经营管理上来，经营管理过程是不是可以理解为采取一系列行动去实现企业经营目标的过程？

伴随着一系列行动的实施，产生了一系列风险。这些风险可能会给企业带来正面的影响，也可能会给企业带来负面的影响。企业管理者会对那些可能带来负面影响的风险更为关注，而这些风险也正是内控所要关注的对象。

说到风险,那可是单独的一门学科了,能讲的内容有很多,咱们这里就不讲那么多了,还是以理解内控为主。

以上呢,就是我关于内控的一些理解,跟你分享,聊作参考。今天也讲了不少内容,有概念也有例子,我建议你回去消化一下,下次见面我要考试。"

"别啊,好不容易出来一趟,这才五点,我这求知若渴的劲头刚上来,再讲讲如何?"

"那就再讲点跟内控有关的吧,但这不是今天的重点,就当是闲聊了。"

第三章

实施内控不得不知道的事情

第一节
《萨班斯－奥克斯利法案》

一、《萨班斯－奥克斯利法案》的由来

"说到内控,最先要提到的是 2002 年美国国会颁布的《萨班斯－奥克斯利法案》(简称《萨班斯法案》)。

事实上,这个法案诞生的背景与 2000 年前后在美国发生的一系列财务造假事件密切相关,其中最著名的两起就是'安然事件'和'世通事件'。"

【案例】美国史上曾经最大的财务丑闻——安然事件

"安然公司,听说过吧?"

"知道啊!曾经叱咤风云的'能源帝国'!"

"没错!安然公司在 1985 年由两家天然气公司合并而成,在 20 世纪 90 年代的 10 年间,安然公司的销售额从 59 亿美元上升到 1008 亿美元,净利润从 2.02 亿美元上升到 9.79 亿美元。2000 年 8 月,公司股票每股高达 90.56 美元,2000 年总收入高达 1000 亿美元,名列《财富》杂志'美国 500 强'中的第七。

为了财务报表好看,安然公司利用会计准则的漏洞,不断成立关联公司,然后将本应属于上市公司的负债情况记录在非合并范围内的关联公司名下。

用会计行业的术语来说,就是'清洗资产负债表',使得资产负债

表更加好看，其实也是高估资产，低估负债。

2001年10月，安然公司审计团队在执行内部审计时发现了该重大财务舞弊行为，审计副总监华金森女士毅然举报了公司，使得安然公司的财务造假浮出水面。

随着美国证监会调查的深入，安然公司被迫承认了从1997年以来虚报了利润6亿美元，并隐瞒了24亿美元的到期债务。消息公布后，安然公司的股票一路暴跌，从最高时的90美元每股跌到0.2美元每股，给世界范围内的广大投资者造成了巨大的财产损失。

'安然事件'造成的直接后果包括：

第一，安然公司被美国证监会罚款5亿美元，并于2002年1月15日停止股票交易，公司最终宣告破产。

第二，安然公司有几十人被提起刑事指控。公司CEO杰弗里·斯基林被判24年徒刑并罚款4500万美元；财务欺诈的策划者费斯托被判6年徒刑并罚款2380万美元；公司创始人肯尼思·莱虽因在诉讼期间去世被撤销了刑事指控，但仍被追讨了1200万美元的罚款。安然公司的投资者通过集体诉讼获得了71.4亿美元的赔偿金。

第三，花旗集团、摩根大通、美洲银行因涉嫌财务欺诈被判有罪，向安然公司的破产受害者分别支付了20亿、22亿和6900万美元的赔偿罚款。"

"'安然事件'在当时是不是成为最大的财务丑闻了？"

"没错，'安然事件'还导致了有89年历史并位列全球'五大'会计师事务所的安达信的破产。安达信虽然在'五大'会计师事务所中规模最小，但是属于人少又能打的精英所模式，薪水最高，福利最好，当然对员工的强度和效率要求也最高。

安达信被诉主要是因为其作为独立审计机构，不仅帮助安然公司财务造假，还在调查期间烧毁了安然公司的审计底稿，被判处妨碍司法公正罪。全球'五大'会计师事务所从此变成'四大'会计师事务所，安达信大中华区的团队并入普华永道。"

"安达信啊！我记得大学毕业那会儿，会计、金融专业的很多同学都把进'五大'会计师事务所工作当成自己的梦想，特别是能进安达信工作，是一件很牛的事情呢！"

"对审计师的具体的处罚力度不太好说，但是根据案件的严重程度、涉案金额和造成的恶劣影响，对审计师也一定会有冲击的。要说，审计师也是高风险职业啊，干得好是应该的，一旦没看好门，自己也得背处分。"

(信息来源：百度网，内容有删改)

【案例】2002年全美重大破产案之一——世通事件

"接下来再说说世通公司。"

"我对这家公司也有所耳闻。"

"世通公司在电信通信行业大名鼎鼎，曾是世界第一大互联网供应商，也是仅次于AT&T(美国电话电报公司)的世界第二大长途电话公司。

2002年4月，世通公司也被爆出涉及110亿美元的财务欺诈案。案件的起因是公司的内部审计人员在内部审计过程中发现了一笔业务造假资金，在向公司高管汇报后却被要求停止调查。

我不禁要发出感叹，内部审计人员真的太重要了。我觉得最有效率的内控措施，第一是群众举报，第二就是主动实施的定期内审。

接着说，这一要求引起了内部审计人员的关注，内部审计人员迅速将此事汇报给了公司的审计委员会，引起了审计委员会的高度重视。

随着公司审计范围再次扩大，38.5亿美元的造假金额被一股脑地抖出来，而在这 38.5 亿美元当中，有 30.6 亿美元是归属于 2001 财年的，剩下的 7.9 亿美元是归属于 2002 年第一季度的。

调查发现，世通公司为了提供电信服务，不仅自己构建设备和基础设施，还签了许多长期租赁合同，向第三方租借了大量的光缆。这些光缆的租金按照规定应该作为当期费用处理，而公司在记账时把它们变成了资产。

看到了吧，这也是清洗资产负债表的手段，要不就是把负债摘出去，要不就是尽可能地增加资产。受这一影响，世通公司 2001 财年和 2002 年第一季度的净利润全部由正转负。

2002 年 7 月，世通公司宣布破产保护，成为截至当时全美最大的破产案。公司的股价从峰值的每股 60 多美元跌到每股 3 美分。"

"美国公司这些内部审计人员真硬气啊！"

"这其实突出了内部审计人员的独立性。

现在一直在强调'内审独立性'，要求打通内部审计人员与独立董事之间的沟通渠道。内部审计人员可以直接向审计委员会汇报，相信以后内部审计职能会起到越来越重要的作用。"

"说到这里，我们公司好像没有内审部，这个是必须建立的吗？"

"理论上是，但实际操作上，要看你们集团公司的考虑和要求，这个不涉及内控理论，以后再说。

继续说故事。除了上面那两家公司以外，当时还有一大批公司会计丑闻，导致美国资本市场的诚信危机，道琼斯、纳斯达克、标准普尔三大指数纷纷下挫。

美国国会坐不住了，2002 年 7 月，乔治·布什总统签署了《萨班斯－奥克斯利法案》，目的就是进一步规范上市公司的财务报告和内控体系，加强投资者保护和市场稳定。

可以理解。如果我想买一只股票,也只能去看这家公司对外披露的相关信息,如业绩公告、重大信息披露等。而如果披露的信息是经过美化的、虚假的,那也就没有意义了嘛!

所以政府迅速出台了相关的法规,对上市公司、上市公司的高管都提出了严格要求。说白了就是财务造假的成本变高了,上市公司管理者的胆子就变小了,投资者的信心自然就提升了。

这个法案适用于在美国资本市场上市的所有公司及其子公司。当然也包括在美国上市的中国公司以及美国本土上市公司设立在中国且被纳入合并范围的子公司。"

(信息来源:百度网,内容有删改)

二、《萨班斯-奥克斯利法案》的简介

"《萨班斯-奥克斯利法案》全称是《2002年公众公司会计改革和投资者保护法案》,由参议院银行委员会主席保罗·萨班斯(Paul Sarbanes)和众议院金融服务委员会(Committee on Financial Services)主席迈克·奥克斯利(Mike Oxley)联合提出。"

"那为什么大家都叫它'萨班斯-奥克斯利法案'?"

"它的全称实在是太长了,后来大家干脆就用这个法案提出人的名字命名了,叫起来也方便一些。

这个法案包含了11个章节,主要有7个方面的内容,包括:成立独立的上市公司会计监管委员会,负责监管执行上市公司审计的会计师事务所及注册会计师;加强审计师的独立性;加大公司的财务报告责任;加强公司的财务披露义务;加重对公司管理层违法行为的处罚措施;增加经费拨款,强化美国证券交易委员会(SEC)的监管职能;要求美国审计总署加强调查研究等。

其中与咱们常说的'内部控制'密切相关的条款主要是302条款、906条款和404条款。

302条款强调了公司对财务报告的责任。要求公司的首席执行官（CEO）和首席财务官（CFO）必须充分了解公司的整体情况，尤其是公司的内控体系建设情况，特别是要充分了解与编制财务报表及信息披露相关的过程，以尽可能保证财务报表能客观公正地报告公司的运营情况和财务状况。公司的CEO和CFO在每一个年度或季度定期报告中就某些财务事宜签署书面认证文件，声明公司对定期财务报告的责任。

906条款强调了违反财务报告责任面临的刑事处罚。如果CEO和CFO知道公司的财务报告没有满足真实、完整、准确的要求就签字，那么可能被罚款100万美元及被判10年监禁；如果CEO和CFO知道公司的财务报告没有满足真实、完整、准确的要求而蓄意签字，则可能被罚款500万美元及被判20年监禁。两个层次刑罚的区别在于是否蓄意。

404条款强调了管理层对内控体系的评价。404条款分为(a)和(b)两个部分。

404（a）条款主要强调的是公司管理层的责任，这个责任又分为两个层次：第一层次，作为高级管理层，有责任建立和维护一个有效的内控体系；第二层次，在最近的年度报告中，应该翔实记述企业在内控体系建立方面做了哪些工作，管理层是否有信心认为自己的内控体系是有效的，可以保证高质量的财务信息。

公司的年报必须包括一份'内部控制报告'，该报告要明确指出公司管理层对建立和保持 套完整的、与财务报告相关的内部控制体系所负有的责任，并要求管理层在财务年度期末对公司财务报告相关的内部控制体系做出有效性的评估。

上市公司年报中通常设专门的章节，供管理层披露内部控制情况，在非美国本土上市公司的年报里为 ITEM 15。

给你看一个例子，这是我从一个非美国本土上市公司的年报里截取的内容：

ITEM 15. CONTROLS AND PROCEDURES（控制和程序）
Disclosure Controls and Procedures（控制和程序披露）

We carried out an evaluation, under the supervision and with the participation of management, including the Chief Executive Officer and Chief Financial Officer, of the effectiveness of the design and operation of our disclosure controls and procedures [as defined in *Exchange Act Rule* 13a–15（e）] as of the end of the period covered by this annual report on Form 20–F. Based upon that evaluation, the Chief Executive Officer and Chief Financial Officer concluded that our disclosure controls and procedures were effective as of December 31，××××.

在包括首席执行官和首席财务官在内的管理层的监督和参与下，截至本报告所涵盖年度末，我们对我们的控制和程序披露【按照《证券交易法》第 13a–15（e）条的定义】的设计和运营有效性进行了评估。基于该评估，首席执行官和首席财务官得出结论，我们的控制和程序披露于××××年 12 月 31 日生效。

Managements Annual Report on Internal Control over Financial Reporting（管理层关于财务报告内部控制的年度报告）

Our management is responsible for establishing and maintaining adequate internal control over financial reporting [as defined in Rules 13a–15（f）under the *Securities Exchange Act of 1934*, as amended]. Our management evaluated the effectiveness of our internal control over financial reporting based on criteria established in the framework in *Internal Control – Integrated Framework*（2013）issued by the Committee of Sponsoring Organizations of the Treadway Commission. Based on this evaluation, our management has concluded that our internal control over financial reporting was effective as of December 31，××××.

我们的管理层负责建立和维持对财务报告充分的内部控制【根据《1934 年证券交易法》修订版第 13a–15（f）条的定义】。我们的管理层根据美国反虚假财务报告委员会下属的发起人委员会发布的《内部控制——整合框架》（2013）

中建立的标准评估了我们对财务报告的内部控制的有效性。基于此评估，我们的管理层得出结论，我们对财务报告的内部控制于××××年12月31日生效。

Because of its inherent limitations, internal control over financial reporting may not prevent or detect misstatements. In addition, projections of any evaluation of effectiveness of our internal control over financial reporting to future periods are subject to the risk that controls may become inadequate because of changes in conditions, or that the degree of compliance with the policies and procedures may deteriorate.

由于其固有的局限性，财务报告的内部控制可能无法防止或发现错报。此外，对未来期间财务报告内部控制有效性的任何评估都存在以下风险：控制可能因环境变化而变得失效，或对政策和程序的遵守程度可能降低。

Attestation Report of the Registered Public Accounting Firm（审计师的鉴证报告）

××× has audited the effectiveness of our internal control over financial reporting as of December 31, ×××× has stated in its report, which appears on page F-2 of this annual report on Form 20-F.

×××（审计师名字）已经对我们截至××××年12月31日的财务报告内部控制的有效性进行了审计，其报告载于本年度20-F表格的F-2页。

Changes in Internal Control over Financial Reporting（与财务报告相关内部控制的变化）

There were no changes in our internal control over financial reporting [as defined in Rules 13a-15（f）and 15d-15（f）under the *Securities Exchange Act of 1934*, as amended] during ××××, that have materially affected, or are reasonably likely to materially affect, our internal control over financial reporting.

在××××（年份）期间，我们的财务报告相关内部控制【根据《1934年证券交易法》修订版第13a-15（f）条和第15d-15（f）条的定义】未发生产生实质性影响或可能合理产生实质性影响的变化。

（信息来源：SEC网站，中文翻译仅供参考）

当然了，美国本土上市公司的年报里也有相应的披露要求，通常在年报的ITEM 9中。考虑到你们公司不属于美国本土上市公司，可以仅作了解，这对你后面的发展有帮助。

另外就是404（b）条款，这条款则主要强调年报审计师的责任。要求担任公司年报审计的审计师应当对管理层做出的内控评价进行测试和评价,并出具评价报告。"

"404(b)条款是要求审计师对管理层的内控评价过程和结论发表意见还是对公司的内部控制发表意见?"

"这也正是我要跟你说的。二十年前,《萨班斯法案》施行初期,要求审计师对管理层内控评价的有效性以及公司与财务报告相关内部控制的有效性进行评价。

那时关于内控有效性的审计结论分为两段:一段是描述管理层关于内控有效性的评估是否有效;另一段是描述公司的内控是否有效。

但是后来美国公众公司会计监督委员会(PCAOB)在2005年出台了新的审计准则5号,取消了对管理层内部控制自我评估程序进行评价的要求。

审计师仅需要对公司与财务报告相关内部控制的有效性进行评价。再给你看一个现在关于内控审计结论的例子:

Report of Independent Registered Public Accounting Firm(审计报告)

To the Shareholders and the Board of Directors of ××(致××公司股东及董事会)

Opinion on the Financial Statements(财务报告审计意见)

We have audited the accompanying consolidated balance sheets of ×× as of September 30, 2023 and September 24, 2022, the related consolidated statements of operations, comprehensive income, shareholders' equity and cash flows for each of the three years in the period ended September 30, 2023, and the related notes(collectively referred to as the "financial statements"). In our opinion, the financial statements present fairly, in all material respects, the financial position of ×× at September 30, 2023 and September 24, 2022, and the results of its operations and its cash flows for each of the three years in the period ended September 30, 2023, in conformity with U.S. generally accepted accounting principles.

我们审计了××公司截至2023年9月30日和2022年9月24日的合并资产负债表,以及截至2023年9月30日的三年的相关合并经营表、综合收益表、

> 股东权益表和现金流量表，以及相关附注（统称为"财务报表"）。我们认为，财务报表在所有重大方面公允地反映了××公司在2023年9月30日和2022年9月24日的财务状况，以及截至2023年9月30日的三年中每年的经营业绩和现金流量，符合美国公认会计原则。
>
> We also have audited, in accordance with the standards of the Public Company Accounting Oversight Board (United States) (the "PCAOB"), ×× internal control over financial reporting as of September 30, 2023, based on criteria established in *Internal Control – Integrated Framework* issued by the Committee of Sponsoring Organizations of the Treadway Commission (2013 framework) and our report dated November 2, 2023 expressed an unqualified opinion thereon.
>
> 根据PCAOB的准则，我们依据COSO发布的《内部控制——整合框架》（2013框架）中确立的标准，对××公司截至2023年9月30日与财务报告相关内部控制开展审计，截至报告出具日（2023年11月2日），我们对公司的内部控制体系发表无保留意见。
>
> （信息来源：SEC网站，中文翻译仅供参考）

唉，说到审计师要对管理层的内控评价的有效性进行评价这事儿，我就想起了刚入行时的那些辛酸血泪史。一般情况下，作为咨询方的我们会比审计师提前进场去了解客户的业务情况，协助客户对其内控的有效性进行评价。

审计师会按照他们的审计节奏安排时间进场，他们进场后的第一件事就是对我们的工作成果进行审阅，然后对我们的工作成果提出疑问。说句实话，那会儿大家都刚刚开始接触内部控制，虽然有COSO框架作指导，但是在工作方式上还是有一定差异的。

有时看到他们提出的问题也真是让我哭笑不得。我给你举个例子：一般公司会用中国会计准则在财务系统中记录凭证，然后再通过会计准则转换的方式将会计报表转化成在美国会计准则下的报表，用于对外披露。

但是我们这个客户呢，是直接在美国会计准则下记录凭证，因此就不再进行报表的准则差异调整了。基于此,我们也没有在底稿中进行有关准则差异调整的描述。而审计师向我们提出了一个问题,说我们缺少对这方面的控制描述。

我当时的疑惑就是,你不是审计师吗,你难道不知道客户是怎么记账的吗,难道自己内部不预先沟通一下吗,为什么会提出这样的问题?当然了,虽然心里有诸多疑问,但我还是认真写了回复。

类似这样的问题还有很多,总之当时是真的害怕看到审计师提出的问题清单。这里面其实也蕴含着一个实务上的问题,作为管理层,控制当然要有,但是理论上,任何控制都是有成本的,控制越多,员工的工作负担就越重,如果都是关键控制,那好了,大家每天都别干活了,光盯着控制到不到位了,这就舍本逐末了。

但是审计师那几年是惊弓之鸟,出于对自我保护的考虑,也要把控制是否到位、是否符合法规要求作为第一准绳。有时候矫枉过正,难免就会有沟通矛盾,过犹不及,此之谓也。

回到法案本身,《萨班斯-奥克斯利法案》合规时间也是调整过的。刚开始,该法案要求在美国上市的大中型本土公司在 2004 年 11 月 15 日之后结束的财政年度报告中披露内控情况,其他一些中小型公司和非美国本土公司的合规时间为 2005 年 7 月 15 日。

2006 年 8 月 9 日,SEC 对《萨班斯-奥克斯利法案》的 404 条款进行了修订,将上市公司分为三类,分别是:小型企业(Non-accelerated Filers,市值 < 7500 万美元)、中型企业(Accelerated Filers,7500 万美元 ≤ 市值 < 7 亿美元)、大型企业(Large Accelerated Filers,市值 ≥ 7 亿美元),并对其合规时间进行了调整,如表 3-1 所示。

表 3-1 关于上市公司合规时间的调整

编报公司性质		合规时间	
		管理层提交内控报告【404（a）条款】	外部审计师验证报告【404（b）条款】
美国本土发行者	大中型企业（市值≥7500万美元）	2004年11月15日或之后结束的财政年度报告	2004年11月15日或之后结束的财政年度报告
	非大中型企业（市值＜7500万美元）	2007年12月15日或之后结束的财政年度报告	2008年12月15日或之后结束的财政年度报告
外国发行者	大型企业（市值≥7亿美元）	2006年7月15日或之后结束的财政年度报告	2006年7月15日或之后结束的财政年度报告
	中型企业（7500万美元≤市值＜7亿美元）	2006年7月15日或之后结束的财政年度报告	2007年7月15日或之后结束的财政年度报告
	小型企业（市值＜7500万美元）	2007年12月15日或之后结束的财政年度报告	2008年12月15日或之后结束的财政年度报告
美国本土发行者或外国发行者	新上市公司	提交第一份年报之后的年度	提交第一份年报之后的年度

自法案实施以来，SEC每年都会对涉嫌财务舞弊的上市公司提起诉讼。2019—2024年，SEC针对上市公司财务舞弊行为提起的诉讼就有十几起，如表3-2所示。"

表 3-2　SEC 2019—2024 年针对上市公司财务舞弊行为提起的诉讼

序号	公告日期	被指控对象	被指控原因	结论
1	2024 年 2 月	Cloopen Group	提前确认服务合同的收入	鉴于该公司自我报告了其会计问题，广泛配合员工的调查，并迅速采取了补救措施，因此免予处罚
2	2023 年 3 月	Three Executives at U.S. Navy Shipbuilder Austal USA	人为地降低了某些造船项目的成本估算，削减了数千万美元，以满足其母公司收入预算和收入预测	要求民事罚款、撤销高管和董事资格等
3	2022 年 10 月	Cronos Group Inc. 及其前首席商务官	从 2019 年到 2021 年的 3 个不同季度，向美国证券交易委员会提交的财务报表包含与收入确认和商誉减值等相关的重大会计错误。该公司在内部调查中发现了 230 万美元的会计错误	前首席商务官同意就类似行为向安大略省证券委员会支付 70 000 加元（约 54 000 美元）
4	2021 年 7 月	FTE 网络公司前首席执行官和前首席财务官	在某些时期夸大公司收入高达 108%，挪用数百万美元的公司资金用于个人用途，以及隐瞒这家当时在纽约证券交易所上市的公开交易公司发行的近 2300 万美元的可转换票据	1. SEC 要求对帕勒斯基和莱蒸姆实施永久性禁令、处罚，禁止其担任高管和董事、追缴和预判利息，以及追回在任期间支付给帕勒斯基的股权补偿。 2. 美国纽约南区检察官办公室宣布对帕勒斯基和莱蒸姆提出刑事指控，罪名是相关不当行为

038

续表

序号	公告日期	被指控对象	被指控原因	结论
5	2020年10月	SAExploration Holdings Inc.（SAE）及其4名前高管	谎报公司收入约1亿美元，并隐瞒了高管挪用近600万美元的事实	1. SEC寻求针对SAE的永久禁令、民事处罚、追缴涉嫌非法所得及预判利息，以及禁止4名高管担任高管和董事。 2. SEC还要求高管向SAE偿还基于激励的薪酬，并要求退还所谓的非法所得利息和判决前利息
6	2020年9月	Manitex International Inc.及其3名前高管	Manitex对不存在的库存进行了不当核算，存在139万美元的库存缺口；不恰当地确认了大约1200万美元的收入	3名高管同意支付总计48.5万美元的民事罚款
7	2020年9月	Power Solutions International Inc.	夸大收入近2500万美元	Power Solutions同意支付170万美元的民事罚款
8	2019年12月	Celadon Group Inc.的2名前高管	Celadon在截至2016年6月30日的年度报告中，以及随后截至2016年12月31日的公开文件中，严重夸大了其税前收入、净收入和每股收益	1. SEC寻求对2名高管实施永久性禁令、罚款以及禁止其担任高管和董事。 2. 美国印第安纳州南区检察官办公室和司法部刑事欺诈科对被告的相关不当行为提出刑事指控
9	2019年12月	Iconix Brand Group Inc.及其3名前高管	Iconix在2013年至2015年第三季度虚报了数亿美元的净收入	1. Iconix同意支付550万美元的罚款。 2. 其中一名高管同意获得救济、永久高管和董事资格的禁令，并同意支付一笔数额待定的罚款

续表

序号	公告日期	被指控对象	被指控原因	结论
10	2019年11月	MiMedx Group Inc. 及其3名前高管	从2013年到2017年，MiMedx过早地确认了向MiMedx分销商的销售收入，并夸大了MiMedx的收入增长	1. MiMedx同意和解并支付150万美元的罚款。 2. SEC寻求对3名前高管实施永久禁令，追缴利息、罚款，禁止担任高管和董事，并要求追回在涉嫌欺诈期间支付给高管的奖金和其他与激励相关的补偿
11	2019年8月	Brixmor Property Group Inc. 及其4名前高管	从2013年第三季度到2015年第三季度，4名高管不正当地调整Brixmor的同一物业净营业收入（SP NOI），以报告达到公司公开发布的增长目标的季度数据	1. Brixmor已同意和解并支付700万美元的罚款。 2. SEC寻求对4名高管实施永久禁令，撤销职务加利息和罚款，以及对高管和董事的禁令。 3. 美国纽约南区检察官办公室宣布对4名高管提出刑事指控
12	2019年7月	Power Solutions International Inc. 的前首席执行官及2名前高管	将上市公司的收入夸大了近2500万美元	1. SEC寻求对所有被告的永久禁令和处罚，对其中1名高管的撤销判决前利息，对首席执行官的高管和董事资格，以及其在涉嫌欺诈期间支付的奖励相关补偿的追回。 2. 伊利诺伊州北部地区联邦检察官办公室以相关不当行为对被告提起刑事指控

040

续表

序号	公告日期	被指控对象	被指控原因	结论
13	2019年4月	Celadon Group Inc.	在2016年中期至2017年4月期间，Celadon通过从第三方以虚高的价格出售和购买二手卡车，规避确认至少2000万美元的减值费用和损失，几乎占其2016年税前收入的三分之二。Celadon在截至2016年6月30日的年度报告以及随后的2017年前2个财政季度的公开文件中夸大了其税前、净收入和每股收益	Celadon承认了这些违规行为，并同意永久禁令，还同意支付700万美元的赔偿金
14	2019年4月	Roadrunner Transportation Systems Inc.前首席财务官和2名前雇员	隐瞒了已发生的费用，不恰当地将这些费用推迟并分散到多个季度，以尽量减少这些费用对Roadrunner净利润的影响	1. SEC要求对所有被告实施永久性禁令、处罚，禁止其担任高管和董事，收回奖金和利息，以及在涉嫌欺诈发生期间向他们支付的奖金和其他与激励相关的补偿。 2. 美国司法部欺诈对3人提出了刑事指控

（信息来源：SEC网站，中文翻译仅供参考）

三、褒贬不一的《萨班斯-奥克斯利法案》

"这么看来,这个法案的出台还是有震慑效果的,通过这些案例可知至少造假规模下降了。不过听说遵循这个法案也很痛苦啊,条条框框有很多。"

"你说得没错,当年我作为项目执行人员,前后参与了不下十几、二十个《萨班斯法案》相关项目,每次项目做到一半的时候都暗下决心,做完了就辞职。"

"那你最后咋没走啊?使命感驱使啊?"

"项目结束看了看奖金还可以……这是开玩笑啊,主要还是年轻嘛,还是蛮有事业心的。此外,每次项目的过程虽然痛苦,但是做完身退的那一刻,还是很有自豪感的。

《萨班斯法案》的强制实施确实给企业带来了部分益处,例如降低了企业财务报表的错报风险及欺诈风险,从而保护了投资者的利益,提高了投资者的信心;标准化流程,帮助流程所有者、活动参与者、管理层、内部审计人员和外部审计师更具体地了解业务运作;清楚地识别不同职位的责任和义务,并正确地分离不相容的职责;培养公司的风险管理和内部控制文化和理念等。

但与此同时,它也给企业带来了一些负担。首先,直接遵循《萨班斯法案》的项目成本过高。一项2005年来自财务经理协会的调查显示,《萨班斯法案》的平均执行成本为436万美元,94%的受访者认为执行成本远超出其可能带来的收益。其次,对企业经营的要求过于严格,可能会降低企业的运营效率,影响企业的竞争力。

例如,在遵循《萨班斯法案》的项目中,有很多非常常见的控制措施需要审阅者或复核者签字确认,这样才完成了一个控制。但是在实务操作中，很多审阅都是通过口头、微信、群信息这样的形式确认的。

按照以前我们做《萨班斯法案》相关项目的要求，口头的肯定不行，不算正式证据。微信或者群信息，估计是要求截屏打印附在凭证后面的。"

第二节
其他版本《萨班斯-奥克斯利法案》

一、我国内控的起源

"接下来咱们来说说国内的内控发展历程和背景吧。

我国内控早在1999年就被明确提出过,后又被无数次提起:

1999年10月31日,修订后的《中华人民共和国会计法》第四章第二十七条提出,各单位应当建立、健全本单位内部会计监督制度。

2001年6月22日,财政部发布了《内部会计控制规范——基本规范(试行)》《内部会计控制规范——货币资金(试行)》。

2006年5月17日,证监会发布了《首次公开发行股票并上市管理办法》。其中,第二十九条规定'发行人的内部控制在所有重大方面是有效的,并由注册会计师出具了无保留结论的内部控制鉴证报告'。

但当时内控还只是一个相对边缘的领域,**企业人治的情况严重,加上监管的要求也是形式大于实质,所以风险和控制的观念、方法论推广得非常不理想。**

直到2008年,在前期国家各部委发布的内部控制文件的基础上,财政部等五部委联合发布了《企业内部控制基本规范》。

2010年,我国又出台了主要涵盖18项具体业务的《企业内部控制应用指引》《企业内部控制评价指引》《企业内部控制审计指引》,标志着中国企业内部控制进入标准化、常态化的发展阶段,我们将这一系列文件称作中国版《萨班斯-奥克斯利法案》。"

二、我国内控的适用范围及时间要求

"我国内控实施的时间表按照单位性质的不同进行了分类,你对照一下看看贵公司属于哪一类。"

1. 主板上市公司

"2012年8月,财政部及证监会发布了《关于2012年主板上市公司分类分批实施企业内部控制规范体系的通知》(财办会〔2012〕30号),对主板上市公司内控管理工作提出了明确的时间要求。

由于境内外同时上市的企业在海外上市过程中,经历过内部控制的审核历练,所以这些企业被首批要求按照中国模式建立内部控制体系。随后,这一要求逐年扩展到国内主板上市公司和非上市大中型企业:

①中央和地方国有控股上市公司应于2012年全面实施企业内部控制规范体系,并在披露2012年公司年报的同时,披露董事会对公司内部控制的自我评价报告以及注册会计师出具的财务报告内部控制审计报告。

②非国有控股主板上市公司,主要包括截至2011年12月31日公司总市值(证监会算法)在50亿元以上,同时2009年至2011年平均净利润在3000万元以上的公司,应在披露2013年公司年报的同时,披露董事会对公司内部控制的自我评价报告以及注册会计师出具的财务报告内部控制审计报告。

③其他主板上市公司应在披露2014年公司年报的同时,披露董事会对公司内部控制的自我评价报告以及注册会计师出具的财务报告内部控制审计报告。"

2. 中央企业

"2012年,财政部和国务院国资委联合发布了《关于加快构建中央企业内部控制体系有关事项的通知》(国资发评价〔2012〕68号),推动中央企业用 2 年时间建立覆盖全集团的内部控制体系。

①已在全集团范围内建立起内部控制体系的中央企业应当重点抓好有效执行和持续改进工作，着力提升内部控制的健全性和有效性。

②主业资产实现整体上市或所属控股上市公司资产比重超过 60%、尚未在全集团范围内启动内部控制建设工作的中央企业应当统筹规划、协同推进全集团内部控制体系建设，着力抓好集团总部与各类子企业同步建设与稳步实施工作，于 2012 年建立起覆盖全集团的内部控制体系。

③其他中央企业应当抓紧启动内部控制体系建设工作，确保 2013 年全面完成集团内部控制体系的建设与实施工作。

在此基础上各地方国资委也相继出台了相应的政策，要求地方国有企业相继建立各自的内控体系。"

3. 行政事业单位

"2012 年 11 月，财政部制定了《行政事业单位内部控制规范（试行）》（财会〔2012〕21 号），要求所有党政机关和事业单位建立健全内部控制体系。该规范自 2014 年 1 月 1 日起施行。"

4. 拟上市公司

"2023 年 12 月，财政部、证监会发布的《关于强化上市公司及拟上市企业内部控制建设推进内部控制评价和审计的通知》（财会〔2023〕30 号）要求：

①拟上市企业（包括申请首次公开发行股票并在证券交易所上市的公司和向不特定合格投资者公开发行股票并在北京证券交易所上市的公司）应自提交以 2024 年 12 月 31 日为审计截止日的申报材料开始，提供会计师事务所出具的无保留意见的财务报告内部控制审计报告。

②已经在审的拟上市企业应于更新 2024 年年报材料时提供上述材料。"

"我们集团属于地方国资委,你这里倒是没有明确提出具体的要求。但是我记得集团也挺早就开始建立内控体系了,这是不是跟各地方国资委的要求相关?"

"是的,是要看主管单位的具体要求。"

三、其他主要国家和地区关于内控的类似要求

"另外,不仅在中美上市的企业需要在内部建立内控体系,世界上其他一些主要国家和地区的资本市场也同样有类似的要求:

日本在2006年6月颁布了《金融商品交易法》,要求公司管理层要对财务报告相关内部控制实施评估工作。

新加坡金融管理局(MAS)在2018年8月发布了经修订的《公司治理守则》,强化了'内部审计'条例的执行力度。同一时期,新加坡交易所(SGX)也修订了《上市规则》,将部分公司治理行为重新规定为强制性行为。

总结起来就是世界各地都越来越重视内控管理了,虽然可能侧重点略有差别。由此可见内控管理在企业运营管理中的重要性。

今天咱们就聊到这里吧,讲的东西也确实不少了,至于你们公司内控管理工作具体应该怎么做,咱们下次再说。"

第四章

内控体系建设的工作思路

日子一天一天过去，老虎和花豹都分别在为各自的工作忙碌着。这天花豹又接到老虎的电话："花豹，最近忙不忙？"

"还挺忙的。最近有时间了？上次给你讲的内容都消化了？"

"上次讲的内容有点儿多，我还是似懂非懂呢！我今天找你是有另外一件事：我们公司投资的一家公司正在准备上市，中介机构一直建议该公司先把内控体系建立起来。你看最近有没有空去一趟，跟他们公司的财务总监见一面，也给他科普一下内控知识？至于咱俩的事，等我忙完这段时间，我再继续约你。"

"好啊。那你要不先大致跟我说一下该公司的情况？我好心里有个数。"

"这家公司名为'W'，是一家集软硬件产品研制、生产、系统集成和服务保障于一体的高新技术企业。W 公司已启动上市工作，并聘请了券商、审计师、律师、评估师等专业人员协助公司准备上市工作。W 公司内部已经完成了股份制改造和组织架构的调整。

我把他们公司财务总监的联系方式给你，他是我们公司委派过去的，具体情况你向他了解就行。"

第一节
内控体系建设由谁来做

W公司的财务总监见到花豹后,向花豹介绍了公司目前的情况:"公司设总部,下设1家分公司和2家子公司。其中,总部设销售部、采购部、制造部、工程项目部、研发部、行政部、人力资源部、财务部、审计部9个部门。分子公司主要是为各地设立的项目公司,负责业务的具体实施工作,接受总公司的统一管理。

公司董事长兼任总经理,另设分管销售副总1名,分管采购及生产副总1名,分管行政人事副总1名,财务总监1名。

因为公司要上市,为了满足监管的要求,在券商和审计师的共同建议下,公司决定启动内控体系建设的工作。"

在还没有找咨询公司之前,W公司管理层就谁来做内控体系建设进行了如下一番探讨。

一、财务部

分管销售副总认为:"既然内控是公司内部的事,那还是由自己人来做比较合适。毕竟业务人员更熟悉自己的业务和流程,各个业务部门自己梳理流程,应该很快就能完成。

这个事情跟上市、财务审计有密切关系,那么可以把它交给财务部或审计部来负责,需要各部门配合的时候各部门积极配合就可以了。"

二、审计部

财务总监则认为:"首先,让各个业务部门自己梳理自己的业务和

流程本身就存在问题。这相当于既当运动员，又当裁判员。业务人员根本无法站在客观的角度去评价自己业务流程的优劣，而且对于风险的把控也缺乏经验。

其次，内控体系建设是一项复杂的工程，对人员的资质要求很高，要能从风险防范的角度考虑问题。目前财务部的人员都有财务背景，对于会计核算和财务风险还算了解，但对于业务风险的认知不足，因此无法胜任此项工作。

而且财务部要负责日常核算工作，同时还要负责上市、财务审计的工作，已经很忙了。公司也许可以招聘1名专职人员来做这个事情，并将他放在审计部，应该能节省一部分成本。"

三、外部专业人士

审计部负责人对此提出了不同的意见："内控体系建设涉及公司的各个业务部门、各类事项，需要把每个部门的业务情况、流程、制度都进行梳理，查找问题并最终形成一套文件。

内控体系建设第一年的工作量很大。如果招聘1名专职人员来做，按照这个工作量，项目可能需要半年到一年的时间才能基本完成。而项目周期一长，业务部门的配合度就会成问题，很难有效果；如果招聘几个专职人员来做这件事，则成本又会上去，而且还要考虑这些人后续的工作安排问题。

参考其他一些上市公司的做法，一般内控体系建设第一年还是请外部咨询公司的居多，用2~3个月的时间基本就能初步完成。先由'外脑'协助公司把内控体系建立起来，然后公司自己进行维护和更新，这可能是一种比较好的方式。

另外，咨询公司见过的企业比较多，应该会有一些比较好的经验可以给公司借鉴。作为专业人士,他们提出的改进建议,业务部门也更容易接受,所谓'外来的和尚好念经嘛'。"

审计部负责人还特意提到,之前公司内部关于合同到底怎么管的问题,业务部门和职能部门讨论了好几次也没得到有效解决,各个部门都只从自己的角度出发,谁都不愿意多管,所以现在合同管理也还是有问题的。正好可以借助这次机会,让咨询公司好好梳理一下,给公司一些切实可行的意见。

财务总监向花豹介绍了基本情况后,也就此问题征求了花豹的意见。

花豹提出:"**首先,要强调的是内控体系建设的责任人是公司管理层**。我们常说内控体系建设是'一把手'工程,也就是这个意思。这并不是说管理层把这件事交给公司的某个部门负责就可以了,只能说找个牵头部门负责此事。

其次,就像上面提到的,它确实会涉及公司各个业务部门的各类业务事项。因此,公司负责牵头进行内控体系建设的部门,应该有能力组织、协调公司内部各项资源,这样才能有效推动内控体系建设工作。

简而言之就是管理层必须委之以完成任务所必需的权力,职权与职责要对等。

在实践中,有的公司设有总经理办公室、企业管理部、计划管理部等职能部门,它们的日常工作主要就是协调公司的销售部、采购部、生产部等各部门的关系。因此,如果将内控体系建设的职责放在这些部门,推动起来会比较顺畅。

还有的公司没有设立这样能够统领各个部门的部门,也确实会把内控体系建设的牵头职能放在财务部或审计部。

但是考虑到'内控体系建设'和'内控审计'应当在企业内部分

开的要求,即使把内控体系建设的牵头职能放在审计部,也应当尽可能在审计部内部把'内控体系建设'和'内控审计'的职能分离开来。

所以把内控体系建设的牵头职能放在哪个部门,**核心还是要看具体哪个部门有能力把这件事情推动好**。至于专业人才的问题,目前大多数企业都没有拥有内控体系建设经验的专业人才,因此大多数企业确实会在第一年的时候聘请外部咨询机构来协助公司建立内控体系。

另外,我建议公司领导也应当对如何开展未来内控体系建设做一个长期计划。内控管理不是说今年做完就结束了,它是一个持续的过程。公司需要每年都对内控的有效性进行评价,这里包括了内控设计有效性和内控执行有效性两个方面。

如果公司未来考虑的是将该项工作长期委托给外部第三方机构,那只需要指定牵头部门就可以了;而如果公司未来考虑由公司内部来完成此项工作,则在第一年内控体系建设时就要考虑如何为后续的工作培养专业人才的问题。"

"这些跟我们想的差不多,我们确实需要好好考虑一下后续如何延续的问题,估计今年我们会先将内控体系建设的牵头职能放到审计部。"

第二节
内控体系建设总体思路

一、理清内控体系建设的思路

"您觉得我们公司应该如何推进内控体系建设呢？"

"我见到的公司内控体系建设基本都是以项目的形式开展的，但不同公司所采用的方法不完全相同：有的企业会采用'自上而下，全面开展'的方式进行内控体系建设工作，这种方式主要适用于大型的集团公司，公司的成立时间和运营时间都已经很长了，各方面管理都不存在太大变化。因此'一鼓作气'开展工作。

还有一些企业会采取'分段式'的方式进行内控体系建设工作，主要是由于企业运营中有一些不确定因素，因此不建议全面铺开。

根据我对你们公司现状的初步了解，我觉得你们公司还是采用'分段式'的方式进行内控体系建设比较稳妥。

您看啊，公司目前还处在上市前期的准备阶段，从现在开始，以后几年财务数据的真实性、准确性、完整性是上市的基本条件之一。

而财务数据的来源则是各个具体的业务事项，因此首先要对与财务报告相关的业务流程进行梳理，评估这些流程是否可以为财务报告的准确性提供合理保证，如果有问题就及时进行改进。

建议先选取核心业务流程，具体包括销售管理、采购管理、研究与开发、资金活动、资产管理、项目管理、财务报告、合同管理、信息系统管理。

这9个业务流程都是与财务报告密切相关的流程，并且其所涉及的部门在职责和内部岗位设置上也已经确定，不存在太多的变化。针对这样的流程我们越早评估，就能越早地发现问题并进行改正。

再对包括组织架构、发展战略、人力资源、社会责任、企业文化、内部信息传递、全面预算等方面进行评估。这些流程属于公司层面的流程和控制。

具体内容现阶段还存在许多不确定性，例如董事会及下设专业委员会的成员尚未确定，公司的战略目标、企业文化等尚未明确，全面预算尚不确定是否实施等。

对于这些不确定的事项，目前无法明确主责部门，也就无法明确具体管理的措施。如果现在评估了，日后还需要根据公司的情况重新进行梳理，一方面，重复劳动会降低工作效率；另一方面，公司还要为此再支付额外费用。

只有在确保公司内控体系建设满足监管机构对拟上市公司的时间要求的前提下择机开展，对公司来讲才是比较有利的。

如果是一家已经明确上市时间或已经上市的公司，那我会建议公司一次性将所需评估的内容全部完成，但对于你们公司这种情况，肯定还是分阶段进行比较好。"

"我们公司下面还有 1 家分公司和 2 家子公司，每家公司都要制定一套内控制度吗？"

"公司到底是做一套适用于本部和下属分子公司的内控制度还是每家公司各做一套，主要取决于公司的管理模式以及这些分子公司的具体业务。

如果公司管理模式比较分散，各公司全部自主运营管理，业务种类也不一样，那我建议还是分开制定内控制度比较好，这样适用性更高，从而真正达到完善内控的目的。

例如，我之前给一个大型国企做内控体系建设，他们有很多分子公司，业务类型涉及保险金融、传统制造、房地产、物业服务等各个行业，且财务、采购方面也全部是分散管理。

在这种情况下，是很难在全公司范围内形成一套内控制度的，即使把内容全部合并了，对于下属公司来讲用起来不方便而且掣肘的地方也很多。

贵公司虽然有分子公司，但这些分子公司的性质基本上都是项目公司，接受公司总部的统一管理。例如，采购是由公司总部的采购部统一负责，财务记账也是由公司总部的财务部统一负责，在资金支出、费用报销方面也都是按照公司总部的统一制度在执行。它们尽管在形式上是分子公司，但在内部管理上实际是部门。

在这种情况下，贵公司只需要建立一套既可以适用于公司总部也可以适用于分子公司的内控制度。

多制定一套内控制度，咨询公司就要多投入人力，收费必然就会增加。制定一套内控制度也可以为公司减少成本投入。"

二、确定内控体系建设的工作成果

"公司领导比较关心的内控体系建设的工作成果到底是什么呢，是一套内控制度吗？我们公司在生产方面有国际标准化组织（ISO）体系文件，文件里面有制度、流程、细则、表格等很多内容。对于ISO体系文件没有要求的内容，公司各部门自己还出台了相关的制度。

如果再制定一套内控制度，那我们以后到底用哪一套呢？这要是花钱就为了满足上市要求，而对公司没有用处的话，是不是有点形式主义了？"

"这里面有几个问题，我一个一个地说。"

1. 内控体系建设的工作成果

"人们常说'不以规矩，无以成方圆''国有国法，家有家规'。对于企业来讲也是一样的，需要拥有自己的规矩来支持企业的有效运行，

这个规矩就是您上面提到的公司制度,也是企业运行的基础。

而内控体系建设是将风险防范的措施,也就是内控规范及配套指引的控制要求深度融入企业的管理制度体系当中,而不是在既有的管理制度体系之外,再建立一个内控体系。

很多时候,我们把内控体系建设的过程比作体检。很多公司都会给员工提供定期体检的福利。没有这项福利,员工当然也可以正常地工作和生活,但是通过定期体检可以发现员工身上可能存在的健康隐患,早发现、早排除、早治疗,从而在关注健康问题方面更主动。

同样,在没有强调内控概念之前,企业无论规模大小也都建立了自己的制度和流程。大规模企业的制度和流程可能相对完善,小规模企业也会针对例如费用报销、资金支出等情况建立自己的管理制度。

现在进行内控体系建设,其实就是对企业现有的制度和流程进行'体检',评估这些制度和流程是否能够满足风险防范的基本要求,如果存在问题就需要有针对性地解决。"

2. 内控制度与 ISO 体系制度的关系

"我认为这两套制度并不冲突,它们是从不同角度提出要求,来规范企业的日常运营管理。

ISO 体系制度是从质量管理的角度出发,对影响产品或服务质量的风险因素进行管理;内控制度是从企业总体目标管理的角度出发,对**影响企业目标达成的风险因素进行管理**。

但无论是对哪一种风险因素进行管理,最终还是要落实到公司内部的各项规章、制度和流程上,也就是落实到各个业务部门的日常操作中。

这两者的要求有不同,但也有相同的地方。例如在 ISO 体系和内控体系中,都提到了对采购供应商管理的要求,包括供应商的准入机制、定期评估、退出机制等。这是两者共通的地方。

但是在 ISO 体系中对生产过程管理有着明确的要求,而这点在内控体系中就没有细致的要求。

就拿上面提到的采购供应商管理来说，如何管理最终还是要落实到日常的操作过程中，我们不会因为这两套制度都对采购供应商管理有要求就针对一个采购供应商做两套要求迥异的管理流程吧？一定是一套流程操作下来既能满足内控管理的要求，也能满足质量管理的要求。

我遇到过两种类型的企业。一类是公司有一套ISO体系文件，但质量管理部和与质量管理密切相关的部门大多数时候还是按照内部习惯来进行操作，并不完全按照ISO体系文件来执行，因为有些质量管理规定太复杂，颗粒度太细，在日常运营中执行不了。

还有一类公司，对于ISO体系文件规定的部分，按照质量管理体系规定执行；对于未规定的部分，则按照公司制定的制度执行。

听您刚才的介绍，你们公司似乎属于后一种情况。如果是这样的话，我在后续工作时也会关注公司ISO体系的相关制度，并在充分考虑ISO体系与内控体系相结合的前提下提出整改的建议。"

3. 内控体系建设的工作成果的展现形式

"前面我提到，内控体系建设的工作成果是制度，是在公司现有制度的基础上增加与风险防范相关的要求或控制措施。实际上每家公司对于制度的理解是不一样的。制度究竟要做到什么样的细致程度才算达标，这也是我在做类似项目的时候经常遇到的问题。"

三、把握内控体系建设的递进逻辑关系

"随着大家对内控体系建设的了解逐步加深，目前公司内控体系建设主要围绕'管理制度化、制度流程化、流程信息化'来开展。"

1. 管理制度化

"制度是企业内的'游戏规则'。面对企业规模的逐步扩大，组织

结构的逐渐复杂，公司人员的日益增多，管理者已经没有足够的时间和精力管理所有事情、所有员工，这时候就需要制定一些'游戏规则'，也就是我们所谓的制度。"

2. 制度流程化

"制度规定了总体方向，但是每个人的理解不同，或多或少会影响制度执行的有效性。因此，公司还需要制定具体的流程让员工理解具体应该进行哪些活动。

活动之间不仅有严格的先后顺序，而且活动的内容、方式、责任等也都必须有明确的安排和界定，以使不同活动在不同岗位角色之间进行转手交接成为可能。

流程化是制度的落地和细化，增强了制度的可操作性和执行力度。"

3. 流程信息化

"很多公司的内控薄弱，不是缺乏制度和流程，而是执行不到位。内控执行不到位，会让前面所有的建设成果成为一纸空谈。将管理制度的要求和业务流程的流转路径内嵌在信息系统中，这种'强制性'将在很大程度上提升制度的执行效率。

信息化系统通过审批流、工作流等把业务流程固化，降低了人为略过某些流程和控制的可能性。

这里需要说明的是'流程信息化'其实是对内控体系建设提出的更高要求。

我们都知道公司采用一套信息化系统的成本很高，并不适用于所有规模的企业。如果没有信息化系统，则可以将流程中的要求落实到具体的表单上，因此还衍生出一种说法，叫作'管理制度化、制度流程化、流程表单化'。

所以对于公司来说，内控体系建设的工作成果主要就是公司的制度、流程和配套的表单。而咨询公司的主要作用是对公司现有制度、流程进行评估,并协助公司进一步完善制度和流程。"

【案例】信息化管理(印章)

"例如,印章管理。针对印章管理,公司通常都会制定《印章管理制度》,其中的基本内容包括印章的分类、保管、刻制、使用、外借、作废、登记等相关要求。

下面是某公司《印章管理制度》中对印章使用的规定:

> 5. 印章使用
> 5.1 印章保管人需审核印章使用情况是否符合规定,不符合规定的用印文件不予盖章;
> 5.2 《印章使用登记簿》由印章保管人负责保管;
> 5.3 无论何种印章,严禁用于任何内容不完整或空白文件。

那么针对印章使用,制度中提到要'审核印章使用情况是否符合规定',但是未明确具体的审核程序是什么。因此该公司在此制度的基础上编制了印章使用流程,如表4-1所示。

表4-1 印章使用流程

序号	步骤	文档名称
1	需要用印时,业务部门经办人填写印章使用审批单,详细列明所需使用印章的类别、所需加盖印章的文件名称、具体事由等相关信息	印章使用审批表
2	部门负责人审核印章使用申请,确认用印事由是否合理,文件正确后在审批单上签字确认	印章使用审批表
3	总经理审批印章使用申请,确认无误后在印章使用审批单上签字确认	印章使用审批表
4	印章管理员审核用印是否经过正确审批,用印文件是否正确,审核无误后在印章使用审批单上签字,同时在文件上加盖印章。同时填写用印登记簿,列明时间、申请部门、文件名称,并由经办人在登记簿上签字确认	用印登记簿

在印章使用流程中涉及 2 个文档，分别是《印章使用审批表》和《用印登记簿》，如表 4-2 和表 4-3 所示。

表 4-2 《印章使用审批表》

印章使用审批表				
申请日期	年　　月　　日		申请部门	
印章类型	□公章　　　□合同章 □其他 _____		申请人	
文件内容（事由）				
文件事由				
部门负责人	日期：		总经理	日期：
印章管理员		日期：		

表 4-3 《用印登记簿》

用印登记簿							
序号	日期	文件名称	印鉴名称	用途	所在部门	经办人签字	

通过这样的方式就把公司用印的流程固化下来了。当然，如果把《印章使用审批表》内嵌到办公自动化系统（OA 系统）中，并在系统后台设置好相应的审批程序，这样就形成了信息化的管理模式。"

四、注重内控体系建设的本土化接轨

"说到这里，这些制度、流程、表单到底是咨询公司负责编制还是业务部门负责编制呢？我们公司在制度上确实还是挺多的，都是各个部门自己编制的，肯定存在问题和缺失。

咨询公司肯定有好多制度模板吧，是不是套用一下模板就可以了。"财务总监问道。

"做内控是要落到实处的。光有制度模板是不够的，一定需要根据公司的实际情况和风险防范的要求去制定适合本公司的制度。如果直接套用模板，各家公司的制度千人一面，并不能满足各家公司不同的实际情况和管理要求。

如果各家公司的制度都一样，也体现不出咨询顾问的专业性了，对吧？许多年前我们做一个大型国企的内控项目，由于企业管理层也很有想法，只想借用咨询顾问来落地实施，我们被起了一个'填表顾问'的外号。

至于制度到底由谁来负责编制或完善的问题，一般是这样处理的。如果公司的人员有能力自己完善各项管理制度、流程，那咨询公司就会把评估后发现的问题以及建议提交公司，由各业务部门自行修改制度。

而如果公司人员的能力、时间不足，也可以由咨询公司来调整制度，制度调整后再由业务部门和公司领导进行确认。"

"明白了，那您可以先看看我们公司的制度到底怎么样再做决定。"

五、成立公司内控体系建设的组织形式

"还有一个问题，"财务总监又说道，"你们给那么多家公司做过内控，对于公司内控体系建设的组织形式有什么建议吗？"

"内控体系建设是一项'自上而下'的工程，首先要求公司管理层对内控工作高度重视。也就是说公司的管理层要积极参与到内控体系建设的整个过程中。另外，内控体系建设还需要全员的参与。

虽然公司计划把内控体系建设的牵头职能放在审计部,但是审计部和其他部门都是平级部门,在推动大家配合上有一定的难度,并且需要在全公司范围内明确审计部的职责。

因此,一般情况下,我建议公司首先成立内控体系建设的组织形式,明确相应的管理职责。"

1. 内控体系建设领导小组

"在公司层面成立内控体系建设领导小组,公司董事长任组长,公司所有副总为小组成员。

内控体系建设领导小组是公司内控体系建设的领导机构,其主要职责包括:

- 统筹协调公司内控体系建设工作;
- 审核公司内控体系建设实施细化方案;
- 审核公司内控体系建设工作计划和各类工作报告,督促内控工作的顺利进行,确保公司内控管理工作的质量;
- 监控项目实施的全过程,协调项目的资源配置;
- 研究决定内控体系建设中涉及的流程调整、人员配置等重大事项和重要问题。"

2. 内控体系建设管理办公室

"成立内控体系建设管理办公室,其常设机构为审计部,办公室主任为审计部负责人。内控体系建设管理办公室是内控体系建设的主要执行机构,其主要职责包括:

- 组织协调编制公司内控体系建设总体实施方案、工作计划、内控相关培训材料;
- 组织开展内控培训和宣传工作;
- 统筹、协调和监督落实方案各项任务;
- 保存、管理项目实施过程中相关文件和成果;

- 组织公司内控体系建设成果的验收工作；
- 公司内控体系建设过程中的信息发布工作；
- 协调办理公司内控体系建设领导小组交办的其他工作。"

"这个方法好，相当于公司领导授权审计部推动内控体系建设。

但是我还有一个担心的地方，由审计部牵头，业务部门往往就会认为这个事情就是审计部的事情，其他部门都是配合审计部在干事情，牵头部门变成主责部门。"

"这种情况我在其他客户那儿也遇到过。您可以考虑成立内控体系建设管理办公室，主任由审计部负责人来担任，成员为各个部门的负责人。

这是一个虚拟组织，日常需要与咨询公司协调、推动项目进展的工作主要由审计部负责人来负责，但是其他部门负责人作为内控体系建设管理办公室的一员，也需要对项目的总体进度、具体方案的落实、过程中遇到的困难解决、工作成果的验收等事项负责，这样他们也就参与到内控体系建设的工作中了。

另外，内控体系建设这项工作肯定会涉及各个业务部门，由各个业务部门负责人出面协调本部门的人员、资源来配合咨询工作也比较容易。如果只是您和审计部的同事来协调和推动相关事项，安排相关人员接受访谈、准备资料，这肯定不如自己部门领导安排的工作优先级高。"

"听您这么一说，我心里大致有数了。我们管理层需要再讨论一下，明确后续具体工作后，我可能会再邀请您来提供建议。今日受教，颇有收获，非常感谢。"

第五章

内控体系建设的理论依据

"花豹老兄,我们什么时候继续啊?你这次能不能帮我具体梳理一下我们公司后续工作应该怎么做?刚好我这边招聘了1名内控专职人员,我想让她也跟着听听,学习学习。"

"虎总近期给我安排起工作来真是穿插有序啊!行吧行吧,刚好我在你公司附近办事,你下午有空吗?我去你办公室找你,再唠叨几句。"

"豹总,大恩不言谢。"

第一节
《企业内部控制基本规范》

午后,花豹提着咖啡走进了老虎的办公室。

"来就来吧,怎么还带咖啡呢,这怎么好意思。"

"我怕你们下午听睡着了,买咖啡给你们提提神。"

"来,我给你介绍一下,这是我们公司的兔子,以后负责我们公司的内控体系建设工作,借这个机会也让她学习一下。"

"幸会,那我们不要再讲闲言碎语了,直接开始吧。

按照之前说的,今天我们的目的是要学习内控到底怎么做?在讲之前,还得给你们讲点儿理论,至少你们得对内控体系建设根据什么来做、具体范围都包括哪些有个基本的认识。

《企业内部控制基本规范》是内控体系建设与实施应该遵循的基本原则和总体要求,具有强制性。"

"这个我知道,我还特意买回来一本学习过。现在放在兔子那里了。"

"对,领导让我学习呢!"兔子说。

"这个理论框架是在美国 COSO 内部控制框架的基础上,结合我国内控管理的要求而制定的。《企业内部控制基本规范》的主要内容如图 5-1 所示。

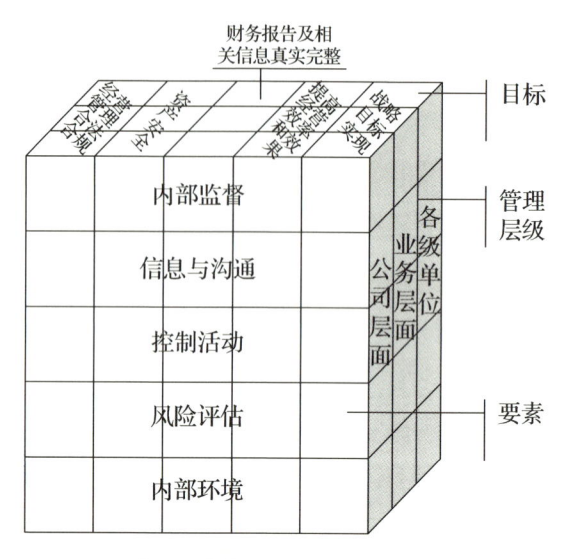

图 5-1 《企业内部控制基本规范》的主要内容

图 5-1 看上去像一个魔方，也有人把它戏称为'豆腐块'。其中每一面都代表不同的意思。

最上面被分成了五个部分，代表的是内部控制的五大目标；正面是内部控制的要素，刚好也是五个；而侧面则表示内部控制的管理层级，包括公司层面、业务层面以及各级单位。

总结起来的就是'内部控制以经营管理合法规范、资产安全、财务报告及相关信息真实完整、提高经营效率和效果，以及战略目标实现为目标，要素包括内部环境、风险评估、控制活动、信息与沟通、内部监督五个方面，涉及范围包括公司的各个层面以及各个业务单位'。

下面将对《企业内部控制基本规范》的相关内容进行简单解读。"

一、内部控制的五大目标

"刚才提到的'豆腐块'最上面所体现的是我国内部控制的五个目标，包括经营管理合法合规、资产安全、财务报告及相关信息真实完整、提高经营效率和效果和战略目标实现。这五个目标彼此独立又相互联系，形成一个有机统一体。"

1. 经营管理合法合规

"经营管理合法合规是指企业各项规章制度、操作流程要符合外部法律法规的要求，法律不允许的事情，企业坚决不能做。比如《中华人民共和国劳动合同法》规定：

> 第十条　建立劳动关系，应当订立书面劳动合同。
> 已建立劳动关系，未同时订立书面劳动合同的，应当自用工之日起一个月内订立书面劳动合同。用人单位与劳动者在用工前订立劳动合同的，劳动关系自用工之日起建立。

例如，公司人力资源管理制度中规定：应聘人员来到公司后，由人力资源部招聘专员为其办理入职手续，并签署劳动合同和保密协议。这一规定就满足了经营管理合法合规目标。

我记得前些年我们去南方的一家民营制造企业进行内控调研。这类企业一般会在工厂所在地附近招聘一些人员作为生产一线员工。

当我们问到对一线员工如何进行管理时，企业的人事主管负责人十分自豪地说：'针对一线工人，办理入职的时候我们就要求他们把身份证交上来，这样他们就不会随便离职了。'

'这样做不是违法的吗？'

'在我们这种小地方，他们平时拿着身份证也没什么用，将身份证放在厂里也是对他们的一种约束。'

我们十分惊诧，此处需要明确的是，这是违反法律规定的。虽然《中华人民共和国居民身份证法》在当时刚刚开始施行，大家的法律观念还不强，但从企业管理的角度来讲，首先还是应当依法办事。

如今，随着法律观念的逐步加强，大部分企业不会强制要求员工入职时提交身份证件了。如果企业违法了，员工会申请仲裁，甚至向法院提起诉讼，企业就面临着法律诉讼的风险，而且很有可能会败诉……因此企业的经营管理要符合外部政策、法律法规的要求。

再给你们说个例子：很多大集团都会实施集中采购，对一些下属单位采购需求量大的物资，由集团公司出面统一确定供应商，与供应商确定好采购价格后，再由各单位单独与该供应商签订采购合同进行采购。

有的子公司，非要自己去找供应商进行采购。抛开集中采购是否合理这点不谈，首先这类子公司没有按照集团公司的规定做事就是不合规的。如果集团公司派人下来进行检查，这类子公司是一定会被认定为存在内控缺陷的。

总结下来，经营管理合法合规既包括了遵守国家的法律法规，也包括了遵守上级单位的相关规定。"

2. 资产安全

"资产安全是指要确保企业的资产能够得到有效的保护。这里说的资产主要包括资金，存货、机器设备等固定资产以及知识产权等无形资产。

例如，我们都知道，公司的现金要保存在保险柜里，只有出纳和财务经理的双重钥匙才能够打开。为了保证存货的实物安全，一般公司会设立独立的仓库，只有经过授权的人员才能进出仓库，接触存货。这些都是为了保证资产安全而采取的控制措施。

我印象比较深刻的资产安全管理措施是在一家种猪培育企业，它的资产包括了用于繁育的母猪和猪仔。为了防止这类生物资产受到病毒的侵袭，公司对进出猪场的人员进行了严格管理。每次进入猪场前，相关人员须穿戴好隔离服、帽子、鞋套、手套，并经过专门的消毒区域进行喷淋消毒，从猪场出来时需再次进行喷淋消毒。

对于负责养殖的工作人员来说，每天需要重复进出猪场进行喂食、清理等工作,而每次都要重复上述的消毒过程。"

"我们公司是投资公司,没有存货,固定资产主要是一些办公设备,可能最大的资产就是资金了。"

"所以啊,你们关注的重点应该是资金的安全!其他的不能说完全不关注,但还是要有侧重点。"

3. 财务报告及相关信息真实完整

"财务报告及相关信息真实完整是内控管理的核心目标。企业所有的内控措施要能够保证所有经营事项都能被及时、准确、完整地反映到财务报告上。

可以说,企业发生的绝大部分事项都可以和财务报告挂上钩。例如人力资源管理会涉及员工工资的计算与发放;固定资产管理会涉及固定资产的采购与折旧的计提;销售管理会涉及收入的确认及收款等。

同时,企业所采取的大多数内控措施虽然可能不会直接影响财务报告,但最终都可以达到保证财务报告及相关信息的真实和完整,例如合同管理、信息系统等。

《萨班斯-奥克斯利法案》404(b)条款,也就是审计师对内控进行有效性评价的时候,主要关注的就是与财务报告相关的内部控制。

我国在《企业内部控制审计指引》中也提到:

注册会计师应当对财务报告内部控制的有效性发表审计意见,并对内部控制审计过程中注意到的非财务报告内部控制的重大缺陷,在内部控制审计报告中增加'非财务报告内部控制重大缺陷描述段'予以披露。

由此可见'财务报告及相关信息真实完整'这一内部控制目标的重要性。

具体有哪些控制措施与'财务报告及相关信息真实完整'的控制

目标相关呢？你们能想到一些例子吗？"

"为了保证年末费用入账的完整性，企业财务报销管理制度规定：费用不得跨年，当年发生的报销事项必须在次年1月内完成报销手续，超过期限不予以报销。"兔子举例道。

老虎也跟着举例："为了保证月末账上银行余额的准确性，每月月末会计从银行取得银行对账单并进行对账，编制银行余额调节表。

还有，为了保证财务账面上存货金额的准确性和完整性，每年年末应对企业的存货进行全面盘点，并对存货的实际价值进行评估，判断是否存在需要减值的情况。"

"没错,你们举的这些例子都与'财务报告及相关信息真实完整'相关。

上面讲到的经营管理合法合规、资产安全和财务报告及相关信息真实完整是内部控制目标的第一个层级，可以说是内部控制要求的'底线'，企业建立内控体系必须以实现这三个目标为基本要求。

在实现'第一个层级'目标的基础上，企业可以不断对内控体系进行改进与优化，从而逐步实现内部控制目标的第二个层级——提高经营效率和效果。"

4. 提高经营效率和效果

"通过对企业现有流程、授权体系的梳理，找出现有流程和授权体系中交叉、冗余的环节，可以有效提高经营的效率和效果。

你们知道我接待了这么多客户，听到最多的抱怨是什么吗？

'老师，我们的流程太长了，特别是审批流程，流程节点太多，赶上审批人员出差,需要的时间就更长了。真希望你们这次能够梳理流程，帮我们解决一下这个问题。'

给你们举个例子，有的企业会把'合同审批'和'用印审批'分为两个流程。合同审批流程为申请人→部门负责人→法务人员→财务人员→申请部门分管副总→总经理；在合同审批完成后，申请人需要办理用印审批手续，用印审批流程为申请人→部门负责人→申请部门分管副总→行政部负责人→总经理。

我们知道合同审批完成后一定会走用印审批流程，而如果把合同审批和用印审批流程连起来，就会发现部门负责人、申请部门分管副总以及总经理要针对同一业务事项分别进行两次审批。那么就可以在进行流程梳理的时候，考虑将合同审批和用印审批的流程简化，从而提高运行的效率。

此外，在开始做内控的时候，往往会在现有流程上增加控制节点，甚至将很多事项的审批权限都放在企业高级管理人员的身上，其目的是防范风险。

随着内控体系建设的深入，员工的风险意识逐步加强，在全员具备较强的风险意识的前提下，管理层会有信心将权限逐步下放，也可以达到提高效率和效果的目的。"

5. 战略目标实现

"内部控制目标的第三个层级，即最高目标是企业能够主动进行风险管理，从而促进其战略目标的实现。

众所周知，企业如果没有明确发展战略，就不可能在当今激烈的市场竞争和国际化浪潮的冲击下求得长远发展。

一方面，企业实施内控最终所追求的是如何通过强化风险管控促进企业实现发展战略；另一方面，实现发展战略必须通过建立和健全内控体系提供保证。可以说，实现发展战略为企业实施内控指明了方向，实施内控为企业实现发展战略提供了坚实保障。

内部控制目标的三大层级如图5-2所示。"

主动风险管理：
战略目标实现

被动内控合规：
提高经营效率和效果

合理保证：
- 经营管理合法合规
- 资产安全
- 财务报告及相关信息真实完整

图 5-2　内部控制目标的三大层级

二、内部控制的五大要素

"'豆腐块'的正面所展示的是内部控制应涵盖的具体内容，我们俗称'内部控制的五大要素'，它包括内部环境、风险评估、控制活动、信息与沟通和内部监督。

企业的内控管理必须涵盖这五个方面的内容，缺一不可，后面我再详细地给你们讲这部分的内容。这里就先记住内部控制具体包括哪五个方面的内容就好了。"

三、内部控制的五项原则

"除了五大目标、五大要素，《企业内部控制基本规范》中还提到了内控管理的五项原则。由于内控管理工作与企业自身的规模、所处的内外部环境、管理基础、人员素质等都密切相关。因此，每家企业的内控管理都不完全相同，但是在开展内控管理过程中应遵循的基本原则却是相同的，具体包括全面性原则、重要性原则、制衡性原则、适应性原则以及成本效益原则。"

1. 全面性原则

"我理解的'全面性原则'是指公司的各项业务活动和各个环节都要有内控管理。"老虎解释道。

"没错，这是一个方面，"花豹继续解释道，"另外一个方面是指内控管理应该包括公司的各个职能和业务部门以及下属分子公司。"

2. 重要性原则

"内控管理在考虑全面性的基础上，还要突出重点。所谓重点就是高风险领域和重要的业务事项，针对这些事项需要加强控制。

另外，对于规模很大，拥有很多下属公司的企业，在开展内控工作的初期，也应本着重要性原则，从重点下属公司或下属公司的重点业务入手，再逐步在全企业范围内进行推广。"

"这听上去不是有点矛盾吗？我们到底应该是先关注全面性原则还是重要性原则？"兔子疑惑地问。

"这两者并不矛盾呀。所谓'重要性'实际是在'全面性'基础上的'重要性'，而不是抛开'全面性'去谈'重要性'。我刚才说的针对拥有很多下属公司的企业，也只是说从重点下属公司入手，但还是要求在全企业范围内推广，并不是说就不需要建立内控体系了。"

"所以像我们公司的内控体系建设应该分为两个部分。一部分是集团公司的内控体系建设工作，应该涉及集团公司的各个部门和各个层面；另外一部分是子公司的内控体系建设。

如果是我们控股的公司，我们也应该对它们提出相应的管理要求。"老虎总结道。

"对于子公司的管理，如果有需要我们后续可以再仔细讨论。"

3. 制衡性原则

"'制衡性原则'可以说是内控的精髓所在。在职权分配、业务流程设计的过程中都要充分体现相互监督、相互制约的理念；同时，还要考虑其可操作性和复杂性，避免由于过度制衡而严重影响运行效率和效果。"

4. 适应性原则

"在我看来，没有最好的内控，只有最合适的内控。内控管理一定要适应企业自身的情况，确保采取的内控措施能在企业内部执行下去。知道自己要什么，永远是终极的人生拷问。

有些单位为了应付外部检查，从网上或其他渠道获得其他公司的制度，改成自己公司的名称当作自己的制度。到检查的时候才发现这些制度在公司内根本不能实施，最终结果可想而知。

内控管理也是一样的道理，在考虑采取何种控制措施的时候，可以借鉴最佳实践或其他同类型公司的经验，但也要考虑本公司自身的情况和条件。"

5. 成本效益原则

"针对同一风险，可以采取不同的控制措施。有的控制措施需要投入的成本很高，但控制效果比较好；而有些控制措施则投入成本低，相应的控制效果也会弱一些。究竟选用哪种方法比较好呢？"

"如果让我选，我会考虑控制效果好的控制措施。内控措施如果效果不好，那不是白实施了嘛！"兔子抢答道。

"我觉得这个要看具体情况，需要做到平衡。"老虎说。

"确实，并不是投入成本高就一定是最好的，而要综合考虑风险防范、效益产出等各方面因素来采取'合适'的措施。

众所周知，将业务流程嵌入企业资源计划（ERP）系统，利用信息系统自动控制对业务进行管理能够大大地减少人为出错的可能性，控制的有效性更高。

但投入一套ERP系统的成本是巨大的，且对操作人员的计算机水平也有一定要求，而采用人工控制的方式可能效果会有折扣，但基本可以实现控制风险的目的，这时候对一个小规模企业而言如何选择就不言而喻了，这就是'成本效益原则'。"

第二节
《企业内部控制应用指引》

"为了促进企业建立、实施和评价内部控制，根据国家有关法律法规和《企业内部控制基本规范》，财政部等五部委制定并发布了《企业内部控制配套指引》，具体包括《企业内部控制应用指引》（又称'18项指引'）、《企业内部控制评价指引》和《企业内部控制审计指引》。其中内容最多的就是《企业内部控制应用指引》。"

"这个指引我也看过，它是按照一个个业务模块划分的。针对每个业务模块，写明了企业应当如何去做。那我们建立内部控制体系的时候是按照指引的要求去做就可以了吗？"

"18项指引是对《企业内部控制基本规范》相关规定的进一步补充和说明，具有指导性和示范性，但并<u>不强制要求企业按照指引的内容逐条执行</u>。

财政部对于企业内部控制规范体系实施中相关问题解释第1号中提到：'由于企业所面临的客观环境和自身的经营管理活动比较复杂，目前的《企业内部控制配套指引》仅对企业常见的、一般性生产经营过程的主要方面和环节进行了规范。在建设与实施内部控制的过程中，对于《企业内部控制配套指引》尚未规范的业务领域，企业应当遵循《企业内部控制基本规范》的原则和要求，按照内部控制建设与实施的基本原理和一般方法，从企业经营目标出发，识别和评估相关风险，梳理关键业务流程，根据风险评估的结果，制

定和执行相应控制措施。'

例如你们是投资公司，应该不涉及存货、销售等业务模块，那就不需要针对这两个模块建立内部控制体系。如果你们的投资类型比较多，就需要对每种投资类型进行梳理，并建立相应的内部控制措施。"

一、应用指引的分类

"《企业内部控制应用指引》共有 18 项，可以被分为三大类。"

1. 内部环境类指引（5 项）

"内部环境是企业实施内部控制的基础，支配着企业全体员工的内部控制意识，影响着全体员工实施控制活动和履行控制责任的态度、认识和行为。内部环境类指引包括发展战略、组织架构、人力资源、社会责任和企业文化等指引。"

2. 内部控制活动类指引（9 项）

"企业在改进和完善内部环境控制的同时，还应对各项具体业务活动实施相应的控制。内部控制活动类指引包括资金活动、采购业务、资产管理、销售业务、研究与开发、工程项目、担保业务、业务外包、财务报告等指引。"

3. 内部控制手段类指引（4 项）

"内部控制手段类指引偏重于'工具'性质，往往涉及企业整体业务或管理。内部控制手段类指引包括全面预算、内部信息传递、合同管理和信息系统等指引。

《企业内部控制应用指引》三大分类如图 5-3 所示。"

```
                                    内部环境类
                                   ↗
            发展战略  组织架构  人力资源  社会责任

        销售业务  资产管理  采购业务  资金活动  企业文化

            研究与开发  工程项目  担保业务  业务外包  全面预算

                ↙
            财务报告  内部信息传递  合同管理  信息系统
    内部控制活动类                              ↘
                                            内部控制手段类
```

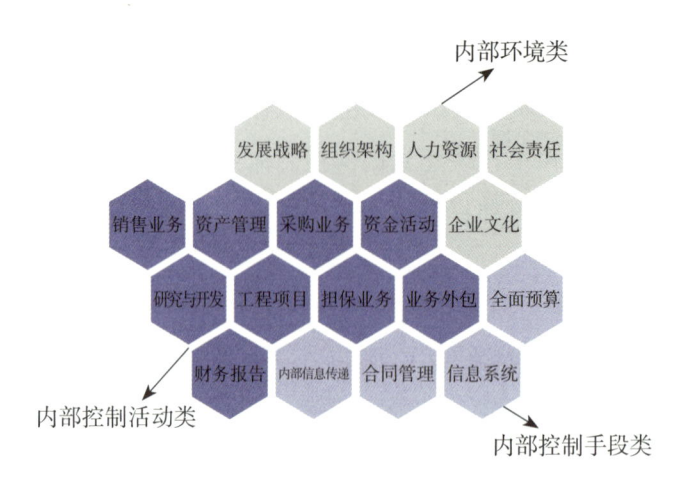

图 5-3 《企业内部控制应用指引》的分类

二、基本规范与应用指引的对应关系

"前面提到基本规范的时候我们了解到内部控制的五大要素,即内部环境、风险评估、控制活动、信息与沟通、内部监督,它们是内控管理必须涵盖的内容。这里提到的应用指引可以用于指导企业开展内控管理工作,那这两者之间的关系又如何呢?"老虎问道。

"当用五大要素开展内控管理工作时,具体每个要素涵盖的内容如何分类,每类内容具体有哪些基本控制要求在指引中予以规定。两者间的对应关系如表 5-1 所示。

表 5-1 内部控制的五大要素与应用指引的对应关系

内部控制的五大要素	应用指引
内部环境	内部控制应用指引第 1 号——组织架构 内部控制应用指引第 2 号——发展战略 内部控制应用指引第 3 号——人力资源 内部控制应用指引第 4 号——社会责任 内部控制应用指引第 5 号——企业文化

续表

内部控制的五大要素	应用指引
风险评估	—
控制活动	内部控制应用指引第 6 号——资金活动 内部控制应用指引第 7 号——采购业务 内部控制应用指引第 8 号——资产管理 内部控制应用指引第 9 号——销售业务 内部控制应用指引第 10 号——研究与开发 内部控制应用指引第 11 号——工程项目 内部控制应用指引第 12 号——担保业务 内部控制应用指引第 13 号——业务外包 内部控制应用指引第 14 号——财务报告 内部控制应用指引第 15 号——全面预算 内部控制应用指引第 16 号——合同管理
信息与沟通	内部控制应用指引第 17 号——内部信息传递 内部控制应用指引第 18 号——信息系统
内部监督	—

由表 5-1 我们可以看出，内部控制五大要素中的风险评估和内部监督似乎没有相应的应用指引可以借鉴，这主要是由于外部已经拥有了相对成熟的工作要求。

关于风险评估工作的开展，可以参考国务院国资委于 2006 年发布的《中央企业全面风险管理指引》；内部监督工作的开展，可以参考《企业内部审计基本准则》《企业内部控制评价指引》等。

另外，财政部也专门解读过《企业内部控制应用指引》，你们也可以找来相关文件学习一下，其中关于每个指引的要求有更明确的解释和例子。"

第三节
《企业内部控制评价指引》和《企业内部控制审计指引》

"除了《企业内部控制基本规范》和18项指引,财政部等五部委还出台了《企业内部控制评价指引》和《企业内部控制审计指引》。

《企业内部控制评价指引》主要用于指导企业全面评价内部控制的设计和运行情况;《企业内部控制审计指引》是为了规范注册会计师执行企业内部控制审计业务。

无论是企业自身对内部控制有效性的自我评价还是注册会计师对企业内部控制有效性的独立评价,他们所要评价的对象都是一致的,在目标、工作方法方面有很多相同之处。

因此,企业在开始内部控制自我评价时,除了遵循《企业内部控制评价指引》的要求,也要参考《企业内部控制审计指引》的相关要求,尽可能保证评价结果的一致性。

《企业内部控制基本规范》《企业内部控制应用指引》《企业内部控制评价指引》《企业内部控制审计指引》共同构成了我国企业内部控制体系建设的框架和基础。"

第六章

开展内控体系建设的工作步骤

"了解了内控体系建设的理论依据,下面我就来具体讲讲企业如何开展内控体系建设工作了。这个应该和你们后面要做的事情密切相关。

如果一家公司想得出'内控有效'的评价结论,则公司在内控设计和内控执行两个方面都必须得是有效的。

因此,我们会把内控体系建设的工作也分为两个部分:一个是评估内控设计的有效性;另一个是评估内控执行的有效性。"

第一节
内控设计有效性评估

"内控设计的有效性是指为实现控制目标所必需的内控要素都存在并且设计充分恰当。其中包含了两方面的内容,一方面是指公司的规章制度中是否进行了明确规定;另一方面是指该规定是否恰当。

就拿咱们一开始提到的某大型房地产企业'银行对账'的例子来说,如果公司没有在制度中明确规定要进行银行对账,那么这就是明显的设计缺陷。

现在,公司规定每个月要针对所有账户编制银行余额调节表进行对账。具体的编制方法是每个出纳在月底将各自负责的对公账户的网上银行余额进行截图,其他出纳再将网上银行余额同 SAP 企业管理系统上显示的账户余额进行核对。

由于账户余额截图是可以人为修改的,这样的操作无法达到核实资金准确性的目标,那么这种方式存在一定的设计缺陷。"

"我可以理解成这个阶段先要解决'有没有'的问题吗?"老虎问。

"**这个阶段不仅要解决'有没有'的问题,还要解决'行不行'的问题。**

一般情况,评估企业内控设计的有效性可以分为 3 个阶段开展工作。以下以我们之前参与的一个内控项目为例,具体阐述实施过程。"

一、计划阶段

1. 了解企业基本情况

"作为外部咨询机构,在开展具体工作前,首先需要对被评估公司的管理现状进行了解,包括公司目前的主要业务情况、管理模式、部门/岗位设置情况及其职责、现有的制度建设情况、现有的信息系统情况等并收集相关资料,具体包括但不限于:

- 公司介绍资料;
- 组织架构图及部门/岗位职责说明;
- 各项管理制度/ISO 管理制度;
- 各类经营分析报告;
- 信息系统使用情况等。

当然,对于你们自己来讲,这些内容已经相当熟悉了。但是我建议你们仍应按照流程收集必要的资料。"

2. 确定流程框架

"从公司部门设置、部门职责及岗位职责入手,初步建立被评估单位内控体系所需完成的业务流程框架,如表 6-1 所示。

表 6-1 业务流程框架

一级流程	二级流程	主责部门
1. 销售管理	1.1 销售计划的编制与审核	销售部
	1.2 销售定价	销售部
	1.3 投标管理	销售部
	1.4 销售合同的签订	销售部

续表

一级流程	二级流程	主责部门
2. 项目管理	2.1 项目计划的编制与审核	生产制造部
	2.2 项目立项管理	生产制造部
	2.3 项目执行过程管理	生产制造部
	2.4 项目调整管理	生产制造部
	2.5 项目交付管理	生产制造部
	2.6 项目结算与结项管理	生产制造部
	2.7 项目后评价	生产制造部
……		

各家公司都有自己的特点，一定要根据自己的实际情况来设计这个框架，且一开始设计的框架很有可能到最后被改得面目全非，这都属于正常现象。"

3. 准备访谈计划

"通过对公司组织架构、部门职责、各项管理制度的初步了解，结合所需评估的业务范围，编制具体的访谈时间计划和访谈提纲，如表6-2和表6-3所示。"

表6-2 访谈时间计划

序号	部门名称	涉及业务流程	访谈负责人	被访谈人	访谈时间
1	销售部	销售管理			
2	生产制造部	工程技术服务管理			
		项目管理			
……					

表6-3 访谈提纲

一、基本信息	
访谈时间及地点： 访谈人：	被访谈人职务及姓名： 被访谈人联系电话：
二、访谈内容	

序号	访谈提纲
1	请介绍您所负责部门的主要职责及具体岗位和人员设置情况
	记录：
2	请针对每个部门职责详细介绍具体的操作流程
	记录：
	……

4. 项目启动与培训

"由于项目的推进需要得到各部门的大力支持与配合，因此一般情况下需要被评估单位在全公司范围内召开项目启动会，要求部门经理和核心骨干尽量都参加，其他人员可选择性参加。

会议的主要内容包括但不限于：

- 主持人宣读'关于公司内控体系建设的通知'，通知中明确公司内控体系建设的组织形式、中介机构、项目目标等相关内容；
- 对全体员工开展有关'内控基本知识'的相关培训；
- 明确内控项目的时间计划以及对各部门提出有关如何配合咨询公司开展工作的基本要求；
- 由公司最高领导做动员，明确公司对于内控体系建设工作的重视程度，并对公司各部门提出明确的管理要求；
- 主持人布置后续具体工作安排。"

二、评估阶段

"评估阶段主要的工作内容是按照既定的框架，了解企业内控的现状，并将现状与监管部门颁布的标准进行对比，检查内控设计方面的缺陷。

评估阶段的主要工作方法包括现场访谈、穿行测试等；经常使用到的工具包括流程描述/流程图、风险控制矩阵（Risk Control Matrix，RCM）等。

这些工作都属于专业领域的内容，你们要认真了解。"

1. 现场访谈

"现场访谈是一种直接和有效的方式，根据预先制定的访谈时间计划表和访谈提纲向被访谈者提出问题，这样可以快速了解具体的业务流程。

作为被访谈人，在接受访谈时需要做的就是如实描述自己目前在实际工作中所做的事情，越具体越好。

记得有一次，我们刚进入一家制造型企业，计划在第二天开始对各个部门开展访谈。企业项目对接人员找到了我，问道：'老师，明天就要开展访谈了，几个部门的负责人都很紧张，刚刚都找到我，说不知道应该说什么。您能不能给一个细致的访谈提纲，把要提的问题都列出来，让他们提前准备一下？'

我跟他解释道：'我们并不是来针对某个人进行检查的，我们是来了解某项业务在日常工作中具体是怎么开展的，不存在不好、不对的说法，因此不用紧张。大家只要能够清楚地说出自己是干什么的和怎么干的就好了。不会有人因为说得不对而被批评和受处罚。'

第二天开展访谈时，各部门负责人在了解了我们的目的以后，按照我们的思路如实地讲述了自己部门的职责以及日常业务的具体操作程序。其中，生产部的负责人给我留下了很深的印象。

生产部在日常工作中经常会接触到 ISO 等体系，每年审核的时候也都需要提供很多相关资料，对生产管理相关的制度和流程很了解。这次在接受内控访谈的时候，他特意带来了很多与生产相关的管理制度和相应的空白表单。

当我们谈起存货管理时，他随手拿出了公司的《库房管理制度》并介绍道：'我们公司有《库房管理制度》，日常都是按照这个制度的规定来进行管理的，库管员负责库房实物管理，账务员负责记账，产品按类码放并进行标识，产品出入库都有记录。'

而我们在该公司的人员花名册上看到有 3 名库管员，分别负责材料库、半成品库和成品库的管理，但并没有单独的账务员。于是我们提出了关于存货账务处理由谁来负责的问题。

犹豫了一下，他回答道：'我们人员配置比较紧张，并没有单独设立账务员，在日常工作中，库管员同时兼任账务员，其他人对于存货的编码等操作流程并不熟悉，因此无法进行相关操作。'

实际上，访谈只是了解公司实际运营的第一个步骤，除此之外我们还会用其他的方式来获取信息。

例如，针对同一件事情，从各个部门获取相关信息，以交叉验证信息的准确性；通过抽取样本进行穿行测试，来验证实际执行情况与制度规定是否一致等。因此，如实讲述现阶段的实际操作才是有效、快捷的沟通方式。"

2. 流程描述 / 流程图

"流程描述是用简要文字的方式记录业务流程，流程图则是以图表的形式来反映各个业务流程。

阅读流程描述有助于我们更清晰地了解流程中每一步骤的具体操作标准；而流程图则可以直观反映出一个流程中具体包含哪些步骤以及这些步骤的先后顺序。

编制流程描述和流程图的过程也是验证对流程理解的过程。

一开始开展内控梳理工作时，我们通过访谈详细地了解业务流程中的每一步具体是如何操作的，并进行了详细的记录，形成了流程描述。

可当按照流程描述去绘制流程图时才发现流程图串联不起来，于是我们才意识到，只顾着去了解具体做法，却忘了关注流程的整体性，因而缺少了环节，只能再去找客户确认其中的细节。

我们调整了工作方法，改为根据访谈结果先画流程图再进行流程描述。这样，我们关注到了流程的整体性，但是在编制流程描述时每个步骤的内容又写不具体了，于是再找客户了解每一步的详细内容。

无论如何，想要通过一次访谈就能彻底了解业务工作几乎是不可能的。反复地与客户沟通、编写流程描述、绘制流程图是评估阶段最重要的工作之一。

很多软件都可以用于编制流程描述和绘制流程图，如 Excel、Visio、Word 等。但无论使用哪种工具，绘制的流程图都应该能够清晰地反映以下重要信息：步骤的先后顺序、步骤涉及的部门、输出的文件、涉及的信息系统、关键控制点等。

接下来，我将展示同一个工作流程用不同软件制作出来的流程图及流程描述，供你们参考。

Excel 版流程图及流程描述——固定资产采购入库，如图 6-1 所示。

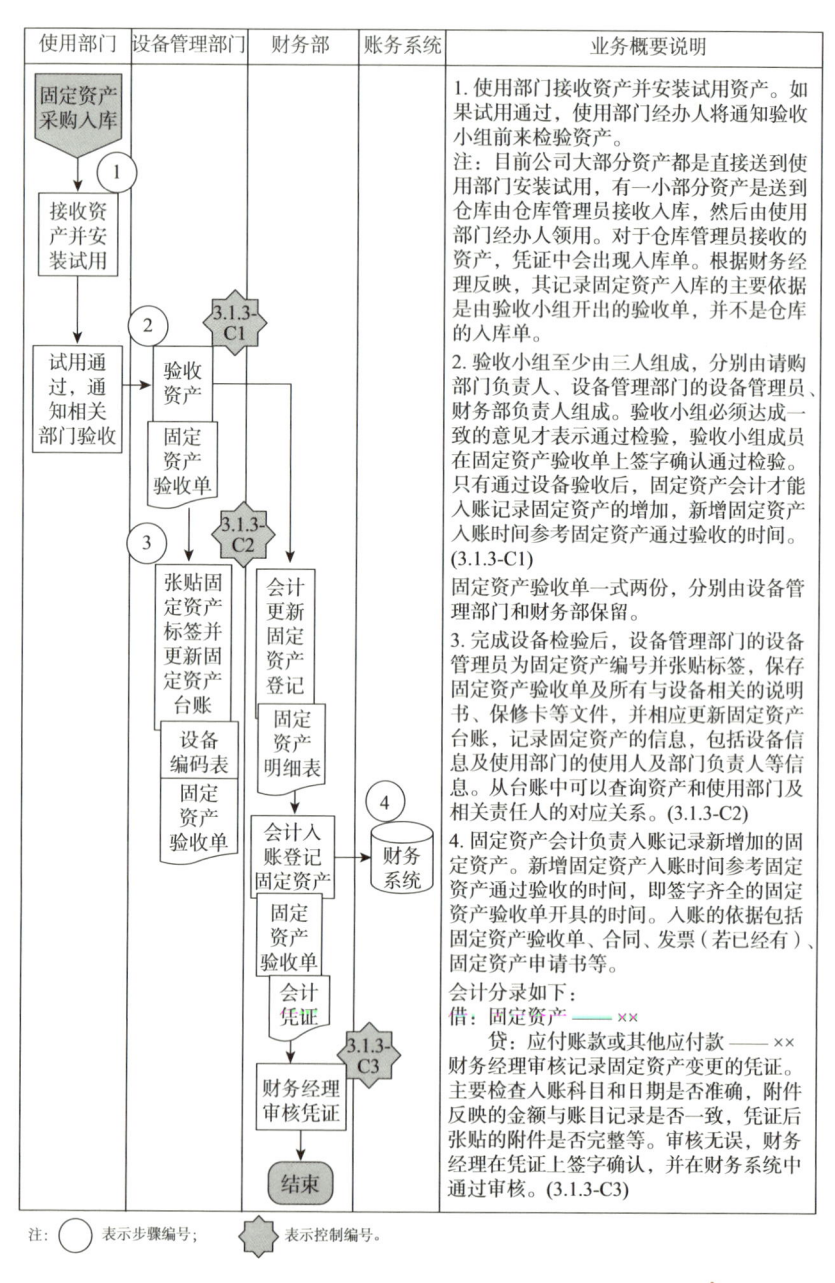

使用部门	设备管理部门	财务部	账务系统	业务概要说明
固定资产采购入库 → 接收资产并安装试用 → 试用通过，通知相关部门验收	验收资产 → 固定资产验收单 → 张贴固定资产标签并更新固定资产台账（设备编码表、固定资产验收单）	会计更新固定资产登记（固定资产明细表）→ 会计入账登记固定资产（固定资产验收单）→ 会计凭证 → 财务经理审核凭证 → 结束	财务系统	1. 使用部门接收资产并安装试用资产。如果试用通过，使用部门经办人将通知验收小组前来检验资产。 注：目前公司大部分资产都是直接送到使用部门安装试用，有一小部分资产是送到仓库由仓库管理员接收入库，然后由使用部门经办人领用。对于仓库管理员接收的资产，凭证中会出现入库单。根据财务经理反映，其记录固定资产入库的主要依据是由验收小组开出的验收单，并不是仓库的入库单。 2. 验收小组至少由三人组成，分别由请购部门负责人、设备管理部门的设备管理员、财务部负责人组成。验收小组必须达成一致的意见才表示通过检验，验收小组成员在固定资产验收单上签字确认通过检验。只有通过设备验收后，固定资产会计才能入账记录固定资产的增加，新增固定资产入账时间参考固定资产通过验收的时间。(3.1.3-C1) 固定资产验收单一式两份，分别由设备管理部门和财务部保留。 3. 完成设备检验后，设备管理部门的设备管理员为固定资产编号并张贴标签，保存固定资产验收单及所有与设备相关的说明书、保修卡等文件，并相应更新固定资产台账，记录固定资产的信息，包括设备信息及使用部门的使用人及部门负责人等信息。从台账中可以查询资产和使用部门及相关责任人的对应关系。(3.1.3-C2) 4. 固定资产会计负责入账记录新增加的固定资产。新增固定资产入账时间参考固定资产通过验收的时间，即签字齐全的固定资产验收单开具的时间。入账的依据包括固定资产验收单、合同、发票（若已经有）、固定资产申请书等。 会计分录如下： 借：固定资产 ×× 　　贷：应付账款或其他应付款 ×× 财务经理审核记录固定资产变更的凭证。主要检查入账科目和日期是否准确，附件反映的金额与账目记录是否一致，凭证后张贴的附件是否完整等。审核无误，财务经理在凭证上签字确认，并在财务系统中通过审核。(3.1.3-C3)

注：〇 表示步骤编号；◇ 表示控制编号。

图 6-1　Excel 版流程图及流程描述——固定资产采购入库

Visio 版流程图及流程描述——固定资产采购入库,如图 6-2 所示。

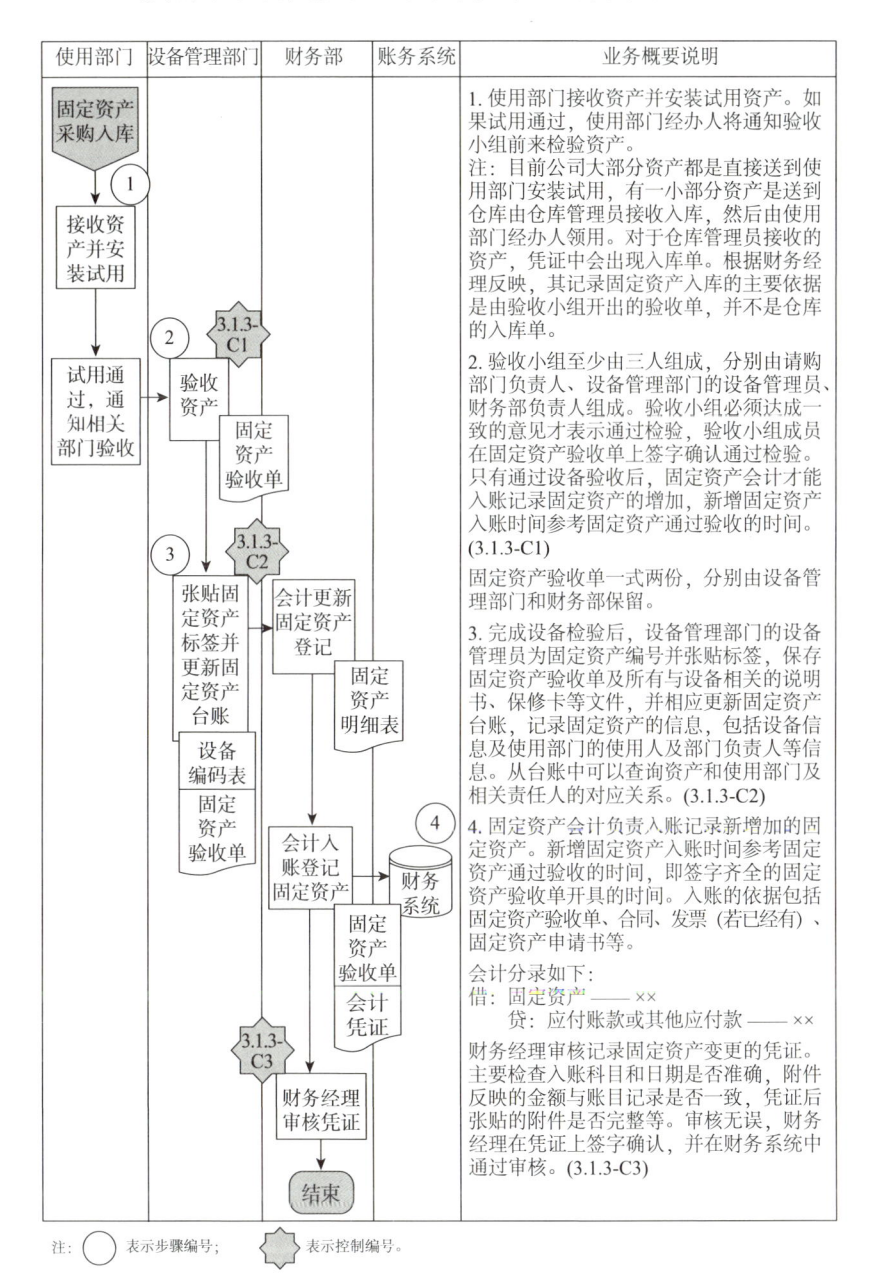

使用部门	设备管理部门	财务部	账务系统	业务概要说明
固定资产采购入库 → ① 接收资产并安装试用 → 试用通过,通知相关部门验收	② 验收资产 → 固定资产验收单 3.1.3-C1 ③ 张贴固定资产标签并更新固定资产台账 → 设备编码表、固定资产验收单 3.1.3-C2	会计更新固定资产登记 → 固定资产明细表 会计入账登记固定资产 → 固定资产验收单 → 会计凭证 3.1.3-C3 财务经理审核凭证 → 结束	财务系统	1. 使用部门接收资产并安装试用资产。如果试用通过,使用部门经办人将通知验收小组前来检验资产。 注:目前公司大部分资产都是直接送到使用部门安装试用,有一小部分资产是送到仓库由仓库管理员接收入库,然后由使用部门经办人领用。对于仓库管理员接收的资产,凭证中会出现入库单。根据财务经理反映,其记录固定资产入库的主要依据是由验收小组开出的验收单,并不是仓库的入库单。 2. 验收小组至少由三人组成,分别由请购部门负责人、设备管理部门的设备管理员、财务部负责人组成。验收小组必须达成一致的意见才表示通过检验,验收小组成员在固定资产验收单上签字确认通过检验。只有通过设备验收后,固定资产会计才能入账记录固定资产的增加,新增固定资产入账时间参考固定资产通过验收的时间。(3.1.3-C1) 固定资产验收单一式两份,分别由设备管理部门和财务部保留。 3. 完成设备检验后,设备管理部门的设备管理员为固定资产编号并张贴标签,保存固定资产验收单及所有与设备相关的说明书、保修卡等文件,并相应更新固定资产台账,记录固定资产的信息,包括设备信息及使用部门的使用人及部门负责人等信息。从台账中可以查询资产和使用部门及相关责任人的对应关系。(3.1.3-C2) 4. 固定资产会计负责入账记录新增加的固定资产。新增固定资产入账时间参考固定资产通过验收的时间,即签字齐全的固定资产验收单开具的时间。入账的依据包括固定资产验收单、合同、发票(若已经有)、固定资产申请书等。 会计分录如下: 借:固定资产 —— ×× 　　贷:应付账款或其他应付款 —— ×× 财务经理审核记录固定资产变更的凭证。主要检查入账科目和日期是否准确,附件反映的金额与账目记录是否一致,凭证后张贴的附件是否完整等。审核无误,财务经理在凭证上签字确认,并在财务系统中通过审核。(3.1.3-C3)

注:○ 表示步骤编号; ✡ 表示控制编号。

图 6-2 Visio 版流程图及流程描述——固定资产采购入库

Word 版流程图及流程描述——固定资产采购入库,如图 6-3 所示。

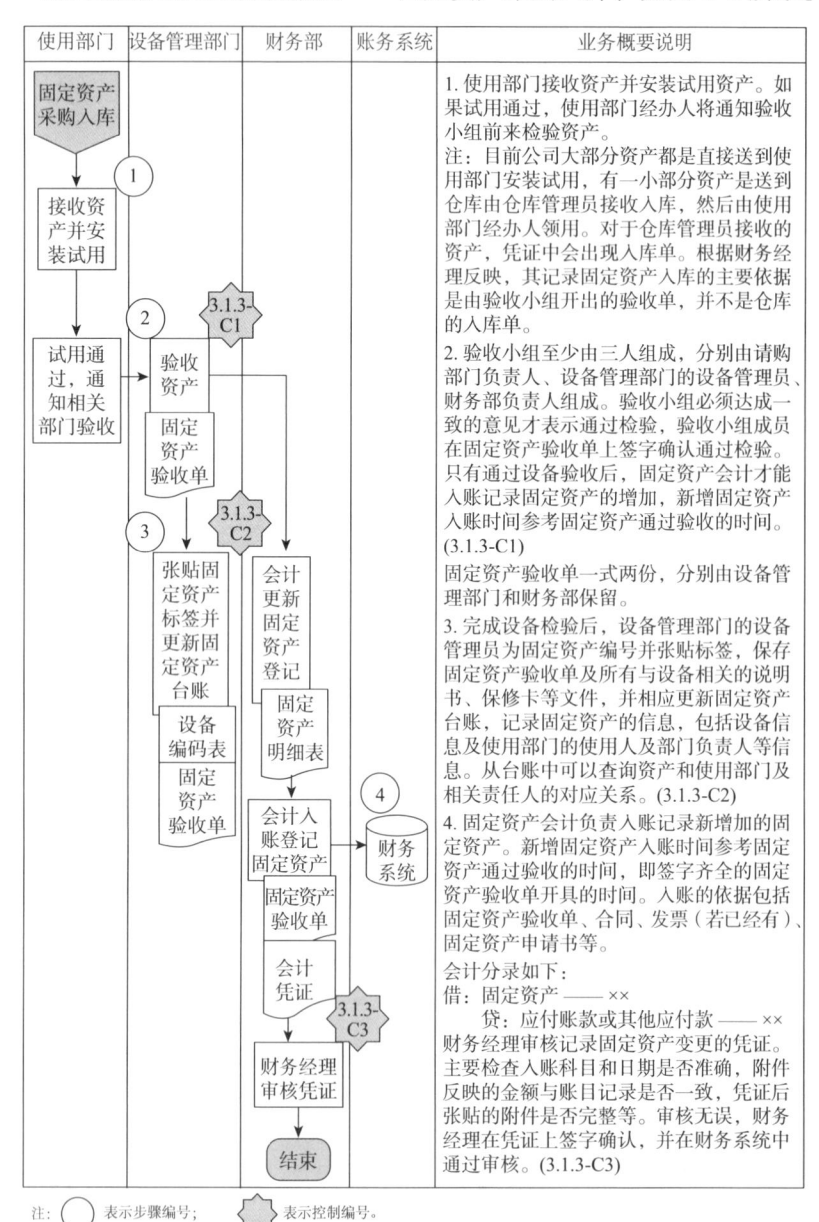

使用部门	设备管理部门	财务部	账务系统	业务概要说明
固定资产采购入库 → 接收资产并安装试用 → 试用通过,通知相关部门验收	① ② 3.1.3-C1 验收资产 → 固定资产验收单 ③ 张贴固定资产标签并更新固定资产台账 → 设备编码表 固定资产验收单	3.1.3-C2 会计更新固定资产登记 → 固定资产明细表 会计入账登记固定资产 → 固定资产验收单 → 会计凭证 3.1.3-C3 财务经理审核凭证 → 结束	④ 财务系统	1. 使用部门接收资产并安装试用资产。如果试用通过,使用部门经办人将通知验收小组前来检验资产。 注:目前公司大部分资产都是直接送到使用部门安装试用,有一小部分资产是送到仓库由仓库管理员接收入库,然后由使用部门经办人领用。对于仓库管理员接收的资产,凭证中会出现入库单。根据财务经理反映,其记录固定资产入库的主要依据是由验收小组开出的验收单,并不是仓库的入库单。 2. 验收小组至少由三人组成,分别由请购部门负责人、设备管理部门的设备管理员、财务部负责人组成。验收小组必须达成一致的意见才表示通过检验,验收小组成员在固定资产验收单上签字确认通过检验。只有通过设备验收后,固定资产会计才能入账记录固定资产的增加,新增固定资产入账时间参考固定资产通过验收的时间。(3.1.3-C1) 固定资产验收单一式两份,分别由设备管理部门和财务部保留。 3. 完成设备检验后,设备管理部门的设备管理员为固定资产编号并张贴标签,保存固定资产验收单及所有与设备相关的说明书、保修卡等文件,并相应更新固定资产台账,记录固定资产的信息,包括设备信息及使用部门的使用人及部门负责人等信息。从台账中可以查询资产和使用部门及相关责任人的对应关系。(3.1.3-C2) 4. 固定资产会计负责入账记录新增加的固定资产。新增固定资产入账时间参考固定资产通过验收的时间,即签字齐全的固定资产验收单开具的时间。入账的依据包括固定资产验收单、合同、发票(若已经有)、固定资产申请书等。 会计分录如下: 借:固定资产 —— ×× 　　贷:应付账款或其他应付款 —— ×× 财务经理审核记录固定资产变更的凭证。主要检查入账科目和日期是否准确,附件反映的金额与账记录是否一致,凭证后张贴的附件是否完整等。审核无误,财务经理在凭证上签字确认,并在财务系统中通过审核。(3.1.3-C3)

注:○ 表示步骤编号; ◇ 表示控制编号。

图 6-3　Word 版流程图及流程描述——固定资产采购入库

从绘图者的角度来说，Visio 无疑是一种非常实用的工具。作为专业的绘图软件，Visio 在箭头连接、页面布局等方面表现更为出色。

流程描述与流程图相对应，明确地列示每个步骤具体的操作人是谁（Who）、什么时候（When）、在哪里（Where）、怎么操作（How）以及最终形成哪些文档（What）等相关信息，也就是我们俗称的'4W1H'描述法。

流程描述和流程图不仅可以让外部人员通过阅读迅速理解公司的业务流程，更重要的是，它们为公司内部人员在工作过程中提供了明确的标准。

它们就像是一本简版的作业指导书，新员工可以通过对流程描述和流程图的学习，理解岗位的职责和具体的操作方式，企业可以根据不同情况选择使用流程图或者流程描述。"

3. 风险控制矩阵

"即使企业已经开展过内控工作，很多人也不清楚风险控制矩阵到底是干什么的，甚至都没有听说过这个名词。

而对于做内控咨询或做内控评价、内控审计的人来讲，风险控制矩阵是工作中十分重要的工具之一。它是用于将公司所面临的风险与现有的控制进行对接的工具。

通过风险与控制的对接，可以识别公司缺少的控制措施（即内控缺陷）并加以改进。

风险控制矩阵包括的关键因素除了风险、控制，还包括与控制相关的其他关键因素，例如控制的责任人、控制涉及的文档（表单）、控制的发生频率、是否为关键控制、控制的类型等，这些相关信息通常以 Excel 表格的形式汇总在一起。

风险控制矩阵——固定资产采购入库如表 6-4 所示。

表 6-4 风险控制矩阵——固定资产采购入库

序号	业务概要	风险编号	风险	指引要求/最佳实践	控制编号	控制与管理	控制负责人	涉及表单	类型 系统/预防性	类型 系统/检查性	类型 人工/预防性	类型 人工/检查性	类型 主要的控制	类型 次要的控制	频度 每年	频度 半年	频度 每季度	频度 每月	频度 每周	频度 每日	频度 不定期	控制缺陷编号	控制缺陷	改进措施
3	固定资产采购入库	3.1.3-R1	新增固定资产验收程序不规范,可能导致资产质量不符合要求,进而影响资产运行效果	企业取得固定资产涉及外购、自行建造、非货币性资产交换等方式,生产设备、运输工具、办公家具和办公用品、房屋建筑物等不同类型固定资产有不同的验收程序和技术要求,同一类固定资产也会因标准化程度、技术难度等而提出不同的要求	3.1.3-C1	验收小组至少由三人组成,分别由请购部门负责人、设备管理部门负责人、设备管理员、财务经理组成,验收小组必须从成一致的意见才能表示验收通过检验,验收小组成员在固定资产验收单上签字确认通过检验。只有通过设备验收后,固定资产会计才能入账记录固定资产的增加,新增固定资产人账时间参考固定资产通过验收的时间	使用部门负责人、设备管理员、财务经理	固定资产验收单	—	—	Y	—	Y	—	—	—	—	—	—	Y	无	无	无
		3.1.3-R2	固定资产登记不完整、内容不完整,可能导致资产流失、资产信息失真、账实不符	资产登记造册。企业取得每项固定资产后均需要进行详细登记,编制固定资产目录,建立固定资产卡片,以便资产的统计、检查和后续管理	3.1.3-C2	完成设备检验后,设备管理部门的设备管理员为固定资产编号并粘贴标签,保存固定资产验收单及所有设备相关的说明书保修卡等文件,并相应更新固定资产台账,记录新增加资产的信息	设备管理员	固定资产标签、固定资产台账	—	—	—	—	Y	—	—	—	—	—	—	Y	无	无	无

注:"Y"表示适用该选项。

风险控制矩阵中列示的'风险'是固定资产采购入库环节所面临的风险;'指引要求/最佳实践'则是针对风险,内控指引要求或大多数企业所能采取的常规应对措施;'控制与管理'是公司实际采取的控制措施,详细说明了公司在面对风险时的具体操作,也就是我们在流程图中看到对应标有C1/C2的步骤。

如果仅看'控制与管理'中描述的内容,理解起来需要一些时间,因此矩阵的后面几项内容将文字中的重要信息进行了提炼,包括:谁——使用部门负责人、设备管理员、财务经理,什么时候——不定期,在哪里(何种方式)——人工,最终形成的文档——固定资产验收单。

同时,风险控制矩阵中还提醒了这个控制是针对风险的关键控制,也就是说采取这个控制可以有效地消除或显著降低风险。

特别要说明的是,流程步骤不等同于控制措施。将风险控制矩阵中的'控制与管理'和流程图中的'业务概要说明'进行对比,我们不难发现'业务概要说明'是按照业务发生的先后顺序进行描述的,但并不是所有的步骤都会被标记为控制点'C',未被标记的步骤也没有体现在风险控制矩阵中,被标记的步骤才是内控中常说的控制点,这些控制点能起到有效防范风险的作用。"

"看上去这是内控里特别重要的工作。"

"确实,一个风险可以对应一个或多个控制措施;但如果针对一个风险,没有找到相应的控制措施或经过评估发现现有控制措施不足以防范该风险时,则说明公司目前的风险管控还存在缺陷,是需要公司后续重点关注并进行整改的部分。"

4. 穿行测试

"穿行测试主要是对已经了解的流程步骤进行验证的过程，在这个过程中需要选取已经实际发生的业务，检查业务发生时所采取的操作是否与梳理出来的流程描述/流程图相一致。

通过这样的测试一方面可以验证前面的流程描述/流程图在记录的过程中是否存在理解有误的地方，另一方面也可以验证业务部门所描述的操作与实际执行时是否存在偏差。

穿行测试指选取1个连贯的样本，检查该样本从业务流程开端到结束是否全部按照控制点的描述进行了操作。仍然以前面提到的固定资产采购入库流程为例进行穿行测试。具体的穿行测试步骤如下：

①选取1项当年新购入的固定资产作为样本；

②检查是否填写了对应的固定资产验收单；

③检查新增固定资产是否经过使用部门负责人、设备管理员、财务经理的共同验收，并分别在固定资产验收单上签字确认；

④检查固定资产实物上是否粘贴有固定资产标签；

⑤检查固定资产台账上是否记录了该笔新增固定资产。

穿行测试工作底稿如表6-5所示。

表6-5 穿行测试工作底稿

控制编号	控制与管理	控制负责人	涉及表单	穿行测试				是否存在差异	差异内容描述
				测试步骤	测试描述	测试结果	索引		
3.1.3-C1	验收小组至少由三人组成，分别由请购部门的设备管理员、财务经理组成。验收小组必须达成一致的意见，才表示通过检验。验收小组在验收单上签字通过检验。设备管理员、财务经理。固定资产会计才能入账通过设备管理员在固定资产会计才能入账通过设备管理员的增加，新增固定资产入账时参考固定资产验收单上的时间	使司部门负责人，设备管理员，财务经理	固定资产验收单	1. 选取1项当年新购入的固定资产作为样本。2. 检查是否填写了对应的固定资产验收单。3. 检查是否经过使用部门负责人、设备管理员、财务经理，并分别在固定资产验收单上签字确认。	仪器设备验收单：设备名称：×××检测仪验收日期：2007.4.25验收人：使用部门负责人——×××设备管理员——×××	无效	2007e<3.1-w5>	是	验收单上缺乏财务经理的签字
3.1.3-C2	完成设备检验后，设备管理部门的设备管理员为固定资产编号并张贴标签，保存固定资产验收单及相关证明书、保修卡等文件。并相应更新固定资产台账，记录新增资产的信息。	设备管理员	固定资产标签固定资产台账	4. 检查固定资产实物上是否粘贴有固定资产标签。5. 检查固定资产台账上是否记录了该笔新增固定资产	固定资产标签：2007Y-0452007.4.30固定资产台账	有效	2007e<3.1-w3>2007e<3.1-w4>	否	无

穿行测试工作底稿可以是任何形式，关键是要记录所选取的样本的相应信息，以证明是否按照控制的要求在执行。"

三、整改与试运行阶段

"整改与试运行阶段的主角是公司各业务流程的责任人，其主要的职责是针对已经发现的问题制定具体的解决方案并加以实施。

通过前一阶段对各个关键业务的风险与控制进行评估，查找出各业务现阶段存在的设计缺陷，最终汇总形成公司内控缺陷汇总表，作为公司后续进行整改的依据。

内控缺陷汇总表一般包含流程名称、缺陷编号、缺陷描述、缺陷属性（设计/执行）、缺陷级别（重大/重要/一般）、建议整改方案以及建议责任部门等内容。

内控缺陷汇总表如表6-6所示。

表6-6　内控缺陷汇总表

流程名称	缺陷编号	缺陷描述	缺陷属性（设计/执行）	缺陷级别（重大/重要/一般）	建议整改方案	建议责任部门
固定资产管理	3.1-G01	公司固定资产管理制度中未对以下内容进行明确规定：①固定资产投保、抵押的明确规定；②固定资产出售的申请、审批、出售过程及相应管理要求	设计	一般	进一步修订固定资产相关制度，完善固定资产担保、抵押、出售的相关程序	设备管理部门
	3.1-G02	验收小组至少由三人组成，分别由请购部门负责人、设备管理部门的设备管理员、财务经理组成。验收小组必须达成一致的意见才表示通过检验，验收小组成员在固定资产验收单上签字确认通过检验。只有通过设备验收后，固定资产会计才能入账记录固定资产的增加，新增固定资产入账时间参考固定资产通过验收的时间。经检查发现2020年4月公司采购的××仪器未经财务经理验收签字	执行	一般	各相关部门严格按照控制设计要求，对新取得的固定资产展开验收工作，并在验收通过后分别在固定资产验收单上签字确认	设备管理部门

作为业务流程责任人，首先要确认的是缺陷的真实性，即公司在制度层面以及流程设计层面确实存在缺陷描述中所反映的问题；其次要对'建议整改方案'进行确认，确认是否可以按照方案中的描述进行整改或提出其他更可行的整改方案并按照方案实施。

　　例如，在上述案例中提到的其中一条缺陷'2020年4月公司采购的××仪器未经财务经理验收签字'。

　　首先，需要设备管理部门确认固定资产采购是否应该经过财务经理的验收签字。根据目前评估的结果，该公司规定资产的采购验收需要经过财务经理的签字，但实际操作中未执行该流程，这属于内控执行方面的缺陷。

　　经过与设备管理部门负责人沟通，我们了解到从2019年年初开始，该公司就已经明确规定了固定资产验收不再需要财务经理的参与。但是这个调整没有用书面形式正式记录，仅在实际操作中执行。这时，问题的性质从内控执行缺陷转变为设计缺陷。

　　确定缺陷的内容以及缺陷的属性后，接下来就需要确定缺陷的整改方案了。

　　这个缺陷主要是由于新的执行标准没有落实在书面上而导致的规定与执行不符，因此需要按照新的执行标准对制度进行修订，负责制度修订的部门就指定为设备管理部门，要求设备管理部门在规定期限内对制度进行修订，并提交评审。

　　缺陷整改方案的制定看上去很简单，但实际上会遇到很多问题。

　　其中最令人头疼的一个问题就是找不到流程责任人或流程责任人由于权限问题无法确定整改方案。

　　例如上面提到的缺陷整改方案是修订固定资产管理制度，而一个固定资产管理制度中涉及的内容很多，涉及的部门也很多，包括申请部门、采购部门、验收部门、使用部门、财务部门等。

如果公司没有一个统一的固定资产管理部门,那这个制度应该由谁来负责修订呢?

再比如有些时候,公司需要建立新的管理职能,例如风险管理职能、企业文化管理职能、反舞弊管理职能等。这些都是企业原来所没有的职能,因此也无法找到相应的部门,那么这些制度又由谁来负责制定呢?

针对这些在业务部门层面无法决定的事项,最后必须交由管理层来确定最终的整改责任人和整改方案。

在整改过程中另外一个比较突出的问题是制定的整改措施无法被执行。例如前面有关固定资产的缺陷汇总中还有一条缺陷'公司固定资产管理制度中未对以下内容进行明确规定:

①固定资产担保、抵押的明确规定;

②固定资产出售的申请、审批、出售过程及相应管理要求。'

设备管理部门对固定资产管理制度进行了修订,增加了有关固定资产担保、抵押的相关要求;增加了固定资产出售的申请、审批、出售过程的管理要求,其中要求'固定资产出售必须签订资产出售合同,合同必须写明固定资产的出售价值及结算方式等'。

制度修订完成后,公司按照制度的要求开始进行试运行。然而,在出售报废的固定资产时,设备管理部门遇到了难题。

由于所需要出售的固定资产已经没有任何价值,设备管理部门只能找到公司周围的废品回收人员进行回收。这种交易一般用现金支付,废品回收人员不与公司签订资产出售合同,而不签订合同又不符合公司制度的规定。这就说明公司在对固定资产管理制度进行修订时,没有考虑到该条款的可操作性,需要再次修订制度,否则今后在内控执行方面可能会出现缺陷。"

第二节
内控执行有效性评估

"内部控制执行的有效性是指现有的内部控制按照规定的程序得到了正确的执行。

我们俗称其为'样本测试',与之前提到的'穿行测试'意思基本相同,不同的是,'穿行测试'是针对识别出的每个控制点,选取一个样本'从上到下'进行检查;而'样本测试'则主要针对识别的关键控制点/主要的控制,抽取一定数量的样本进行检查。

我在讲内控体系建设的理论依据时提到了两个指引,分别是《企业内部控制评价指引》《企业内部控制审计指引》。你们应该也都看过了吧?"

"看过了,里面讲到了评价的内容、评价的程序、缺陷的认定、报告的基本要求等内容。但是具体要如何开展还是不太明白。"

"按照财政部对《企业内部控制评价指引》的解读,内控评价主要分为制定评价工作方案、组成评价工作组、实施现场测试、认定控制缺陷、汇总评价结果、编制评价报告六个部分。

而我们一般在实施的时候就按照以下几个阶段进行。"

一、计划阶段

"计划阶段要明确内控的评价范围、人员及时间安排、测试的基本要求等相关内容。举一个例子:

××公司××年内控自评测试计划

一、测试背景及目的

××公司××年内控自评工作将于××年××月××日至××月××日及××年××月分两次展开。本次自评测试工作的目的是:

(一)对××年内控试点单位的内控设计缺陷整改情况以及内控执行情况进行样本测试;

(二)分析测试差异,并编制公司××年度内部控制自我评价报告;

(三)向公司管理层、审计委员会汇报测试结果。

二、测试范围

内部控制体系建设是一个长期、持续、循序渐进的过程。××年是××公司启动内部控制体系建设的第一年。在设计阶段,管理层通过对各分公司业务规模、管理成熟度、风险高低的综合分析,确定了对8家试点单位进行内部控制体系的建设工作。

根据公司前期内部控制体系建设情况,依据公司《内部控制自我评价手册》的指引,将公司××年内部控制自我评价工作的测试范围确定如下:

测试范围	总部	A公司	B公司	C公司	D公司	E公司	F公司	G公司
公司层面	Y	—	—	—	—	—	—	—
投资管理流程	Y	—	—	—	—	—	—	—
资金管理流程	Y	Y	Y	Y	Y	—	Y	—
固定资产管理流程	Y	Y	Y	Y	Y	—	Y	—
税务管理流程	Y	Y	Y	Y	Y	—	Y	—
预算管理流程	Y	Y	Y	Y	Y	—	Y	—
人力资源与薪酬管理流程	Y	Y	Y	Y	Y	—	Y	—
费用管理流程	Y	Y	Y	Y	Y	—	Y	—
财务报告与披露流程	Y	Y	Y	Y	Y	—	Y	—
信息系统管理流程	Y	—	—	—	—	—	—	—
在建工程管理流程	Y	—	—	—	—	—	—	Y
收入管理流程	—	Y	Y	Y	Y	Y	Y	Y
成本管理流程	—	Y	Y	Y	Y	Y	Y	Y

注:"Y"表示属于测试范围。

三、测试人员及时间安排

××年公司内控自评工作将由外部咨询方及公司审计部组成的联合项目团队共同完成。具体测试人员及测试时间安排如下:

第一轮测试:

评价工作及公司	分组	负责人	联系电话	小组成员	现场工作计划时间
编制内控自评手册	A	××	××	××	11月12日—11月17日
总部	A	××	××	××	11月19日—11月24日
A公司	A	××	××	××	11月26日—12月8日
B公司	A	××	××	××	12月3日—12月8日
C公司	B	××	××	××	11月21日—11月30日
D公司	B	××	××	××	11月21日—11月30日
E公司	C	××	××	××	11月19日—11月29日
F公司	D	××	××	××	11月26日—12月7日
G公司	D	××	××	××	12月10日—12月15日

第二轮测试:

本轮测试计划将在××年××—××月进行。测试的范围包括第一轮测试过程中发现的控制执行缺陷以及无样本的控制。具体的测试日期将根据公司年末结账时间进行调整。

四、一般测试程序

（一）样本选取期间：××年1月1日至测试日止

（二）抽样方法

控制测试主要采取任意抽样，并以大金额交易和临近交易为测试重点。

通常情况下，请将获取的样本总体文件按金额排序后依次抽取。例如，从凭证摘要中发现有特殊交易或异常交易，可定向抽取。

（三）确定样本规模

控制种类	控制频率	最少样本数量
人工控制	每年	1
人工控制	每季度	2
人工控制	每月	2
人工控制	每周	5
人工控制	每日	10
人工控制	每日多次	15
人工控制	不定期	最小样本数量=估算的全年样本总体×10%，但不超过15个
信息系统控制		1

> （四）测试结果及处理
> - 有效：按照最少样本数量取得所有样本，且经测试无异常。
> - 无样本：对于年度或不定期发生的控制，在测试期间内无样本产生。
> - 无效：测试过程中发现 1 个例外事项，且在性质上重大，即为无效；如例外事项属于人工错误，则需重新选择额外样本进行补充测试；如例外事项已被其他更高级别的控制点所补偿，则仍评价为有效。
>
> （五）资料归档
> 1. 对于控制测试取得的文档，如测试结果有效，仅将样本记录在测试工作底稿中，而不需要将证据性文件复印归档；对存在控制缺陷的控制点，应将支持得出缺陷结论的所有证据性文件同时复印归档。对于每日或每日多次发生的控制缺陷，归档 2 个差异样本的证据文件即可。
> 2. 本次测试完毕后，将所有的证据性文件统一、完整地提交审计部。
>
> 五、费用预算
> 本次内控自评工作的费用预算为人民币 ×× 元。
>
> 六、其他注意事项
> 1. 测试过程中如发现实际执行的控制与原有控制描述不一致，则请在 RCM 中"修改后的控制描述"一列进行更新，并在评估实际控制是否可以满足要求后进行测试。
> 2. 未能及时进行整改的控制设计缺陷也应当被列在 RCM 中的"测试缺陷汇总清单"。
> 3. 其他未尽事宜请与 ××× 联系。

这是一家拥有很多子公司的上市公司，公司总部只具有管理职能，没有具体的业务，下属各子公司独立进行管理和运营。由于总部作为上市公司，面临着内控自我评价披露以及内控审计的要求，因此该公司启动了内控工作。

该公司先后对 8 家试点单位开展内控体系建设工作，并在年底对这 8 家试点单位的内控体系运营有效性进行评价。

这里有几个地方需要给你们解释一下。"

1. 测试范围

"对于此类拥有很多下属单位的企业，在进行年度内控自我评价的时候，应当根据各下属单位在合并报表层面的重要性以及管理风险的高低去进行综合判断。"

"我们公司也投资了几个企业,且正处在建立内控体系的过程中,也需要要求它们搭建内控体系吗?"兔子问道。

"针对这一问题,你可以去查看你们集团发布的相关文件,确认文件中是否有明确要求。如果集团发文是给各个二级、三级单位,那通常不需要再要求你们投资的控股企业另行搭建内控体系。至于参股公司,就更不需要了。从财务报表的角度来说,这些被投资企业的重要性水平比较低,因此一般不会纳入内控测试范围。"

"这个问题我之前确实咨询过集团公司,其表示只要做好我们自己公司的内控工作就可以了。"老虎肯定地回答。

"在测试范围里,你们看到有的业务流程对应了各家公司,而有的业务流程则只对应了个别公司,例如投资流程对应的公司只有总部,而资金管理流程则对应了除 E 公司和 G 公司以外的所有公司。

这种划分主要与各家公司的实际业务相关。在这家单位,投资只能由总部来做,下属子公司不能进行投资活动,因此投资管理流程在其他公司是不适用的。E 公司和 G 公司在实际业务中也是有资金管理的,但由于它们的金额相对较小,因此也没有纳入资金管理流程测试的范围。"

2. 测试样本量

"其实没有文件明确规定测试的样本量应该是多少。但是业内有一定的共识,即样本量的多少与控制发生的频率密切相关。

通过上面的例子我们不难看出,控制频率主要包括每年、每季度、每月、每周、每日、每日多次和不定期几种。你们自己能举几个例子说明这些频率吗?"

"我们每周都要开周例会,讨论各个项目的进展情况,这应该算是每周的控制吧?"老虎说道。

"人力资源部每月月末检查考勤打卡，应该是月度的。"兔子回答。

"那有没有不定期的？"

"不定期就是有可能发生也有可能不发生，不知道什么时候发生。费用报销的审批算不算？"

"算！固定频率发生的事项比较容易处理，只需按照既定的样本量进行检查就好了。然而，不定期的事项比较麻烦。我们需要预先估算全年一共发生了多少次，然后再根据这个数据来判断应该抽取多少样本。

上面这个例子里的'不定期'事项，在抽取样本时的最小样本数量 = 估算的全年样本总体 × 10%，但不超过 15 个。意思就是涉及发生频率为'不定期'的控制点时，最多按照 15 个样本进行检查。"

"花豹，我刚刚看到表格的最后一行内容是'信息系统控制'，最少样本数量为'1'。什么是信息系统控制？比如说我们公司的审批都是在 OA 系统上进行的，这个算信息系统控制吗？"

"这个问题问得好。这里所说的信息系统控制，全称是'信息系统应用控制（Information Technology Application Controls，ITAC）'。举个例子可能更好理解一点。

例如，现在很多手机 App 都要求'实名注册'，在输入身份证号码的时候，如果你输入的身份证号码位数不对，App 就会提示'身份证号码有误'。系统为什么能识别出身份证号码有误呢？因为系统研发人员在系统内预先针对身份证号码设定了规则，如果你录入的号码与规则不符，系统就会进行提示。

会计行业有句话叫作'有借必有贷，借贷必相等'。说的就是会计分录必须有借方和贷方两个方向，而且借方和贷方的金额必须相等。这是会计恒等式的平衡。

现在大多数企业都在用会计软件进行账务处理，在软件中预先设定了'有借必有贷，借贷必相等'的规则，因此如果一笔凭证借贷方录入的金额不一致，这笔凭证就无法保存。这个预先设定就是信息系统应用控制。

针对这类控制，由于是系统预先设定的，抽取1个样本进行检查就可以验证控制的有效性了。

刚才你提到在OA系统中进行审批，这里的核心控制是审核，执行审核控制的是人而不是系统，因此不能将它看作信息系统控制。

你们要记住，我举的例子里的样本量只是一个较低的抽样水平。我也遇到过样本量远超这个水平的情况，主要是企业自身觉得尽可能多地进行检查，更容易发现问题并加以改正。

对于你们公司而言，按照集团公司要求的数量进行测试就好。如果集团公司没有给出明确规定，那你们公司就可以自行确定具体的抽样数量。"

3. 测试人员

"计划阶段还有一点需要说明的是测试人员的问题。到底谁能开展内控评价工作？这家公司本身已经成立了审计部，但由于所需评价的实体和流程比较多，审计部的人员不足，因此聘请了外部第三方与审计部共同完成本次的评价工作。"

"我们公司没有审计部，今后的内控评价工作应该由谁来开展？"

"这正是我要解释的地方。有些公司人员规模本身不大，没有建立审计部，就像你们公司一样，但也能自己进行内控评价工作，方式就是组建临时的内控评价小组。

在给小组成员分配评价任务时，应当坚持'测试控制的人不能是执行控制的人'的基本原则。其实潜台词就是，运动员不能同时也是裁判员。

例如，从财务部抽调人员去执行评价工作，分配给他的业务就不能是与财务工作相关的控制，如资金、财务报告等，但是可以对合同管理、人力资源管理等流程中的控制进行评价。

说到这儿，我还想起另一件事，以前我们在给美国上市公司提供内控评价服务的时候，有些企业还要求我们上交一份测试人员有关内控评价经验的说明，包括是否有相关资格、工作年限、曾经参与的评价类项目等，旨在提交给董事会和外部审计师来证明内控评价的客观性。这也变相说明对内控测试人员的能力还是有一定要求的。

同样的，即使是公司内部人员进行交叉自评，也要选有能力的人才行。"

二、评价实施阶段

"下面我开始讲解评价实施阶段。这部分是内控自我评价的重点。刚才提到样本测试是针对什么进行的？"

"样本测试是针对关键控制点／主要的控制进行的。"

"那你们觉得这个'关键控制点／主要的控制'信息从哪里获取呢？"

"从内控设计有效性评估阶段的工作成果——风险控制矩阵中获取。那里记录了每个风险对应的控制措施，以及哪些是关键控制点／主要的控制。"

"看来我前面没有白讲。下面就来讲讲评价实施阶段的具体内容。"

1. 评价工作底稿

"针对每一个关键控制点进行抽样测试时，都需要编制一张评价工作底稿。虽然每家企业的评价工作底稿可能不完全一样，但是关键信息都差不多，包括关键控制点描述、具体的测试步骤、测试标准、详细的样本信息、是否符合测试标准的要求以及最终的测试结论等相关信息。以下是一个常见的评价工作底稿的示例。"

评价工作底稿

业务循环	3.固定资产管理		
测试人：	×××	复核人：	×××
测试日期：	××	复核日期：	××

控制编号	控制与管理	频率
3.1.3-C1	验收小组至少由三人组成，分别由请购部门负责人、设备管理部门的设备管理员、财务经理组成。验收小组必须达成一致的意见才表示通过检验，验收小组成员在固定资产验收单上签字确认通过检验。只有通过设备验收后，固定资产会计才能入账记录固定资产的增加，新增固定资产入账时间参考固定资产通过验收的时间。	不定期

测试步骤

1. 抽取测试期间发生的设备验收单 × 份作为样本。
2. 检查新购入设备是否经过包括设备使用部门负责人、设备管理员及财务经理的验收并在设备验收单上签字。

测试标准

标准1：《设备验收单》有设备使用部门负责人的签字。
标准2：《设备验收单》有设备管理员的签字。
标准3：《设备验收单》有财务经理的签字。
标准4：新增设备入账时间与固定资产通过验收时间相符。

编号	样本详情	样本期间	标准1	标准2	标准3	标准4	备注
1	验收报告——大班台一套	××/5/9	是	是	是	否	Note 1
2	验收报告——沙发一套	××/5/9	是	是	是	否	Note 1
3	设备验收单——自动光学检测仪	××/11/2	是	是	是	是	—

Note：

1. 标准4：查阅此两项固定资产对应的入账凭证，发现其固定资产入账日期（××/4/30）与验收报告日期（××/5/9）不一致。访谈财务经理并查阅相关到货单和供应商发票，发现此两项固定资产于 ×× 年4月30日到货验收并取得相应发票，在5月9日（财务4月关账前）编制了两份验收报告，固定资产的实际验收时间与入账时间都在4月，因此判定该控制执行有效。

控制运行有效性结论：运行有效

"针对评价工作底稿我有个疑问,"兔子问道,"评价工作底稿中第1、2个样本的标准4写的是'否',但是下面的'控制运行有效性结论'写的是'运行有效',这样是可以的吗?"

"我们在评价工作底稿最后写了个'Note',并在下面解释了具体的原因。我们做测试并不是简单地与测试属性进行核对,如果出现了差异,还要去分析差异的原因并判断差异的合理性。

像上面的例子,4月30日到货的固定资产,刚好赶上劳动节假期,所以编制固定资产验收报告的时间延后了,但实际上并未影响4月的财务处理。

但是差异还是要记录下来的,因为如果之后有人去抽查内控评价工作底稿和样本,发现验收报告的时间与入账时间不在一个月且评价工作底稿没有标识,可能会对整个内控测试的质量产生怀疑。"

"明白了,那评价工作底稿中的'测试标准'指的又是什么呢?"

2. 如何测试

"不如我们先来看看如何测试,再来讲这个问题。

内控测试的方法主要包括询问、观察、检查、再执行这4种。

① 询问。询问是指通过口头或书面的方式确定一项控制是否存在。这种方式是不是有点像我们前期做内控设计有效性评估时候开展的访谈?

试想,如果我们在了解内控设计情况的时候询问过相关人员,现在进行执行有效性评估的时候再询问一遍相关人员,你们觉得验证效果如何呢?"

"那肯定不行啊!"

"所以这应该是效果最差的一种测试方式了,不建议单独使用。即使采用了'询问'的方式,也还需要再采用其他的方式加以验证。"

"那如果实在用不上其他的方式呢?比如有些情况是看不到,摸不着的。"

"我们之前遇到过一个开支票的例子。当时的控制制度是这样规定的:'财务经理检查支票开具是否正确,确认无误后在支票上加盖法人人名章。'

这个控制的关键点在于财务经理要去检查支票填写的内容是否正确,检查的证据是加盖法人人名章。而盖完财务专用章和法人人名章以后,支票就被拿走用于支付了,那么应该如何进行测试呢?"

"只能询问财务经理是否进行了检查?"

"这种情况下我们会问财务经理如何进行检查并加以记录。除此之外,我们还可以向出纳询问,当其填写好支票交给财务经理后,财务经理会做些什么工作。"

"原来还可以通过询问不同的人员进行交叉验证。"老虎总结道。

"② 观察。观察是指现场验证正在执行的控制。这种方法对实物控制非常有用,最常用在针对实物保管的检查方面。谁能给我举个例子?"

"实物保管的话,比如现金的保管?"

"没错,一般公司规定现金保存在保险柜里,需要使用时由出纳和财务经理共同打开保险柜。这种情况下,测试人员可以到财务部的现场观察一下现金的保管是否与描述相一致。"

"但是现场观察是在一个时点上的测试,并不能保证他们一直都是这样做的,对吧?"

"所以这种测试方法的效果也一般,也尽可能不要单独使用。除非找不到其他更有效的测试方法。

③ 检查。检查是内控测试中最常用的一种测试方法。它主要是针对存在书面证据的关键控制点,通过抽查、审阅的方式进行测试。

例如前面评价工作底稿中提到的测试步骤'检查新购入设备是否经过包括设备使用部门负责人、设备管理员及财务经理的验收并在设备验收单上签字。'

其中,'设备使用部门负责人、设备管理员及财务经理的验收'是关键控制点,'在设备验收单上签字'是验收留下的书面证据。

前面兔子不是问评价工作底稿中的'测试标准'是什么吗？'测试标准'是根据'测试步骤'而来的。如果按照测试步骤来填写下面的表格,第二步实际涉及很多人签字,而检查中可能缺少了其中一人的签字,这时候评价工作底稿中需要用大段的问题去描述哪里不符,看起来也不是很清晰。

因此在测试步骤下面,把具体需要关注的标准单独进行了列示,检查的时候也记录每个标准的执行情况,这样就能够清晰地看出哪里出现了问题,针对出现的问题再单独进行解释说明。

评价工作底稿也不是完全标准的,有的公司可能没有'测试标准'这项。我觉得关键的问题就是要能在评价工作底稿中具体体现出看了哪些样本,检查了哪些内容,发现了哪些差异,最终结论是什么。

实际上,至今我还记得我参与的第一个测试项目,应该是20年前的事了。当时我刚接触内控领域,第一个项目是'内控设计有效性评估项目',第二个项目就是'内控评价项目'。

这是一家外资企业在国内的子公司,母公司已经识别好了关键控制点,委托我们根据已经识别出的关键控制点在现场开展测试工作,测试分为年中和年末两次进行。

第一次做测试是在年中,我们根据控制点描述和测试步骤进行测试,当时对评价工作底稿是没有明确要求的,但要求把所有看过的样本全部复印归档。2004年,那时还不流行智能手机、数码相机,最后复印了好几大箱子的文件，让客户邮寄回我们公司。

因为对评价工作底稿没有明确要求，所以我们没有针对每个控制点编制一张评价工作底稿，而是在RCM中简单记录了检查的样本信息，例如凭证号码和单据编号等。

后来我们发现这样的记录方式不行。当时测试完成以后，我们将评价工作底稿发给委托方进行审阅，他们对评价工作底稿里的一些内容提出了疑问（俗称'出Q'，Q就是Question）让我们去回复。

在解决这些疑问的过程中，几乎是要把那些有疑问的样本再找出来看一遍。也幸亏我们当时把测试的所有样本都复印了，不然可能需要再去客户那里重新翻阅了！

以防万一，我们在年末再测试的时候就改变了记录方式。我们把每个样本的详细信息都记录在电子表格里，对于凭证，除了记录凭证号码，还会记录金额、摘要；对于单据，则会记录单据的具体内容、所属部门、审批人等。

当时表格并没有标准格式，仅是在Excel里自行记录。等年末测试完成，委托方再'出Q'的时候，我们就可以从这个表格里很清晰地找到相应的答案并进行回复，简单了很多。我记得当时这个表格并没有提供给委托方。

这个项目真是让我印象特别深刻啊！后来再开展类似的内控评价项目时，不管有没有要求，我们都会把相关信息尽量完整地记录下来。

④ 再执行。测试里的最后一种方法——再执行，是指选择交易重新执行相关的控制措施。不是每个控制点都能进行'再执行'测试的，这种测试方法主要适用于与会计科目有直接重大影响的控制措施，例如固定资产计提折旧的重新计算、银行余额调节表的重新编制等。

老虎，我记得你在大学实习的时候编制过银行余额调节表，对吧？"

"没错,编一次错一次,我的印象也很深刻。"

"银行余额调节表的再执行测试就是将银行对账单与银行明细账再逐笔核对一遍,检查交易是否逐笔记录,期末余额是否一致。"

"我有个问题:一般银行余额调节表都是每月编制的,是月度控制。但是每家公司应该不止一个银行账户,测试的时候是需要按照月度控制的频率,抽取当月所有银行账户的调节表进行检查和再执行吗?"

"这也是我的疑问。"老虎肯定道。

"不只是针对银行余额调节表的测试,还有一些测试也存在同样的问题。针对这类控制点也是有一定的处理方法的。一种就像刚才兔子提到的,按照月度控制的频率抽取每月全部的样本进行检查;还有一种是按照不定期的方式去进行抽样。

举个例子:假设公司有5个银行账户,每月做一次银行对账。

按照第一种固定频率的方法进行抽样,样本量是2个月的全部银行余额调节表,即2×5=10笔;按照第二种不定期的抽样方式进行抽样,首先估算出全年的银行余额调节表的总量,即5×12=60笔,按照抽取10%的比例则需要抽取60×10%=6笔。

两种方式在实务中都可以接受。

到这里,测试的4种基本方法就介绍完了。根据刚讲的定义和例子,你们觉得这些测试方法从测试效果的角度应当如何排列?"

"按照效果来说,应该是再执行>检查>观察>询问!"

"其实针对测试,我还有一个疑问。测试基本上都是事后检查,只能看到单据上是否有相关人员的签字,其实无法证明是否真的对设备进行了验收。"老虎提出了疑问。

"确实,内控评价都是事后检查,因此在内控中特别强调'留痕'。针对关键控制点，控制执行人应该保留一定的痕迹来证明确实做了这件事。

我记得在最开始做内控项目的时候，那时大家对于'留痕'还没有太多的意识，因此发现的很多问题都是与'留痕'有关，缺陷里最常看到的描述是'缺少证据证明……'。发展到现在，大家都很重视'留痕'，干什么都要'留痕'。

之前有一部小品，叫《非常满意》。

可能是因为我也经常跟我的客户强调'留痕'，所以我看完这部小品后，特别有感触。

小品讲的是一个村子里的村干部是怎么工作的。其中一点就提到了要求村里的工作人员拍照打卡，并要求将照片转发到工作群等，将这些行为作为完成任务的标准。

这部小品具有很强的讽刺意义。我们做内控的时候要求'留痕'，但'留痕'的前提是把该做的事情做了，而不是不做事情只'留痕'。无论是在控制识别时还是在控制测试时，强调的都是具体关注什么、检查哪些事项，然后再'留痕'。

例如在控制识别时，我们除了问某一事项需要经过谁审核以外，还会关注每个人审核的重点具体是什么；在控制测试时，我们除了检查是否有审核人签字以外，也会关注里面的具体内容是否正确……

我就遇到过这样的事情：多年前我去检查一家公司的银行对账工作。财务部将一个月的银行对账单、银行余额调节表以及银行明细账都提供了。

一开始我数了一下银行余额调节表的数量，确认跟银行明细账中银行账户的数量是一致的，每张银行余额调节表都不存在差异，也就是说银行余额与账面余额是一致的，且都经过了编制人的签字以及财务经理的审核签字。

于是我开始进行核对,核对第一个账户时就发现银行余额调节表上的账面余额与财务系统中的账面余额不一致。"

"那不就说明对账根本就没认真做嘛。"兔子感叹道。

"是啊,东西都有,也都按照程序签字了,但只是做了个表面工作,我当时也挺无奈的,只好按照规定记录缺陷。

我想说的是,加强内控管理真的是为了防范风险,不是只要形式。对内控来讲,实质和形式都很重要,纯粹为了满足形式要求是万万不行的!"

3. 缺陷汇总与确认

"测试完成以后,针对发现的问题会形成缺陷汇总。这个表跟我们在内控设计有效性评价阶段的缺陷汇总表在形式上是差不多的。

但是这张汇总表里的缺陷最终会直接影响到内控有效性评价的结论。因此,在判定是否为缺陷这件事情上要慎重。

当然了,作为被评价的部门和单位,对于存在缺陷这件事情也是十分重视的,因为缺陷的存在可能会影响到部门/单位的绩效。因此我们会有一个程序,要求被评价部门/单位对识别的缺陷进行确认,有时是开会确认,有时是书面签字确认。

缺陷确认这活儿可是相当不好做啊!基本上无论现场评价工作是否复杂,都要留出至少一天时间进行缺陷的确认工作。这个确认仅仅是针对缺陷描述的事实的确认,还不是对缺陷的影响程度的确认。

毫不夸张地说,作为现场负责人,最多的时候同时有10个人围着我解释我们识别的缺陷存在误会,试图让我接受他们的解释。我跟客户开玩笑地讲:'内控也是讲道理的,必须有合理的解释才可以!'

实际中也发生过一些奇葩的事情,比如为了减少缺陷临时补充一些文件、签字等作为证据，这种情况一般都是不被接受的。毕竟，这不过是为了要证据而硬生生提供了一个'形式'。"

三、缺陷认定与报告阶段

"找出缺陷后，内控评价还没有结束，还需要对缺陷的影响程度进行评估。"

"这个我知道！缺陷按照其影响程度可以分为一般缺陷、重要缺陷和重大缺陷三类。但是具体怎么划分，好像并不明确。"老虎回应道。

"没错，缺陷按其影响来说总体分为这三类，具体的认定标准由企业根据《企业内部控制评价指引》的基本要求自行确定。一般企业在确定缺陷认定标准时会从两方面考虑，一方面是定量指标，另一方面是定性指标。

定量指标比较好理解，跟财务审计中的'重要性水平'类似，是一个具体的金额，按照缺陷的影响金额去判定缺陷的性质；定性指标则是指一些明确的事项。"

【案例】一家上市公司对外披露的内部控制缺陷认定标准

第四章　内部控制缺陷的认定标准

第八条　内部控制缺陷的重要性和影响程度是相对于内部控制目标而言的。按照内部控制缺陷对财务报告目标和其他内部控制目标的影响的具体表现形式，区分财务报告内部控制缺陷和非财务报告内部控制缺陷，分别制定内部控制缺陷的认定标准。

第九条　财务报告内部控制缺陷认定标准

（一）财务报告内部控制是指针对财务报告目标而设计和实施的内部控制。由于财务报告内部控制的目标集中体现为财务报告的可靠性，因而财务报告内部控制的缺陷主要是指不能合理保证财务报告可靠性的内部控制设计和运行缺陷。

（二）根据缺陷可能导致的财务报告错报的重要程度，公司采用定性和定量相结合的方法将缺陷划分为重大缺陷、重要缺陷和一般缺陷。具体如下表：

缺陷等级	定量标准（错报比例）	定性标准
重大缺陷	1. 该缺陷单独或连同其他缺陷可能导致或已经导致财务报告错报金额大于等于营业收入的3%，或者绝对金额大于等于500万元。 2. 该缺陷单独或连同其他缺陷可能导致或已经导致财务报告错报金额大于等于资产总额的3%，或者绝对金额大于等于1000万元	存在下列情况之一： A. 公司董事、监事或高级管理人员舞弊，并给公司造成重大损失和不利影响； B. 公司已公告的财务报告出现重大差错； C. 外部审计发现财务报告存在重大错报，但在公司内部控制运行中未被识别； D. 审计委员会和内部审计部门对公司对外的财务报告和财务报告内部控制监督无效
重要缺陷	1. 该缺陷单独或连同其他缺陷可能导致或已经导致财务报告错报金额大于等于营业收入的1%但小于3%，或者绝对金额大于等于100万元，小于500万元。 2. 该缺陷单独或连同其他缺陷可能导致或已经导致财务报告错报金额大于等于资产总额的1%但小于3%，或者绝对金额大于等于450万元，小于1000万元	存在下列情况之一： A. 未依照公认会计准则选择和应用会计政策； B. 未建立反舞弊程序和控制措施； C. 对于非常规或特殊交易的账务处理没有建立相应的控制机制或没有实施且没有相应的补偿性控制； D. 对于期末财务报告过程的控制存在一项或多项缺陷且不能合理保证编制的财务报表达到真实、完整的目标
一般缺陷	1. 该缺陷单独或连同其他缺陷可能导致或已经导致财务报告错报金额小于营业收入的1%，或者绝对金额小于100万元。 2. 该缺陷单独或连同其他缺陷可能导致或已经导致财务报告错报金额小于资产总额的1%，或者绝对金额小于450万元	指除上述重大缺陷、重要缺陷之外的其他控制缺陷

第十条　非财务报告内部控制缺陷评价标准

非财务报告缺陷认定主要依据缺陷涉及业务性质的严重程度、直接或潜在负面影响的性质、影响的范围等因素来确定，划分为重大缺陷、重要缺陷和一般缺陷。具体如下表：

缺陷等级	定量标准（错报比例）	定性标准
重大缺陷	1. 该缺陷单独或连同其他缺陷可能导致或已经导致直接经济损失金额大于等于营业收入的3%，或者绝对金额大于等于500万元。 2. 该缺陷单独或连同其他缺陷可能导致或已经导致直接经济损失金额大于等于资产总额的3%，或者绝对金额大于等于1000万元	存在下列情况之一： A. 严重违反国家法律法规或规范性文件，并被监管部门处以重罚； B. 重大决策程序不科学、制度缺失导致系统性失效，给公司造成重大财产损失； C. 非财务报告内部控制重大或重要缺陷未能得到有效整改； D. 出现重大产品质量或服务事故，对公司造成重大负面影响的情形； E. 重要业务制度性缺失或系统性失效； F. 其他对公司造成重大负面影响的情形
重要缺陷	1. 该缺陷单独或连同其他缺陷可能导致或已经导致直接经济损失金额大于等于营业收入的1%但小于3%，或者绝对金额大于等于100万元，小于500万元。 2. 该缺陷单独或连同其他缺陷可能导致或已经导致直接经济损失金额大于等于资产总额的1%但小于3%，或者绝对金额大于等于450万元，小于1000万元	存在下列情况之一： A. 内部控制、内部监督发现的重要缺陷未及时整改； B. 重要业务制度或系统存在缺陷； C. 其他对公司产生较大负面影响的情形

续表

缺陷等级	定量标准（错报比例）	定性标准
一般缺陷	1. 该缺陷单独或连同其他缺陷可能导致或已经导致直接经济损失金额小于营业收入的1%，或者绝对金额小于100万元； 2. 该缺陷单独或连同其他缺陷可能导致或已经导致直接经济损失金额小于资产总额的1%，或者绝对金额小于450万元	存在下列情况之一： A. 决策效率不高，影响公司生产经营； B. 一般业务制度或系统存在缺陷； C. 内部控制、内部监督发现的一般缺陷未及时整改； D. 其他不属于重大、重要缺陷的非财务报告内部控制缺陷
第十一条 以上定量标准中所指的财务指标值均为公司最近一期经审计的合并报表数据。		

（信息来源：巨潮资讯网，内容有删改）

"缺陷认定结束后，就要编制内控评价报告了。报告编制的格式和要求各不相同，上市公司有上市公司的报告模板，国资委有国资委的报告模板。

至于你们，集团公司应该会提出报告的相关要求，把前面的工作做好了，就可以写报告了，你们比较在行，就不用我多说了。"

第七章

内控体系建设的基本内容

"虎总，还记得我在前面讲'内控体系建设的理论依据'时跟你们提到的'豆腐块'吗？"

"记得，当时说有关内部控制的五大要素的内容后面再给我们讲。"

"那现在我就要讲这部分内容了。内部控制的五大要素的基本内容是什么？"

"内部控制的五大要素包括了内部环境、风险评估、控制活动、信息与沟通以及内部监督。"

第一节
内控的基础——内部环境

"我先讲第一大要素——内部环境。内部环境是实施企业内控的基础，所以十分重要。特别是企业的管理者更应该重视企业内部环境的建设。

内部环境决定了企业在道德标准、价值导向方面的基调，受企业管理层的直接影响，并且影响企业员工的控制意识和行为方式。

如果企业管理层存在'重业务轻管理'的思想，在日常工作中总是以业务重要为由，不按照规章、制度办事，那么公司的员工也会有样学样，在日常工作中不按照公司的制度执行，可能导致公司的制度形同虚设。

如果一个企业的老板独断专行，不愿意听取任何不同的意见，那么员工在工作中只会做老板让他做的事情，缺少积极性、主动性，缺少创新精神，从而可能导致公司死气沉沉，发展空间受限。"

"我有一个朋友目前在一家民企负责采购业务。他就跟我抱怨，他们老板非常关注花出去的每一分钱，买东西只买最便宜的。好几次都批评他买的东西贵了，这让他很无奈，毕竟便宜的东西可能存在质量隐患，他买的东西虽然贵一点，但是一分价钱一分货啊！

用他的话说'既然老板只关注钱，那我就哪个便宜买哪个吧，省得到时候挨骂'。这个是不是就与内部环境有关？"

"是的，这确实是内部环境的一部分。

关于'内部环境',我主要介绍以下几个方面的内容,至于其他的内容你们可以去参考配套指引的相关要求。"

一、治理结构

"拥有健康完善的治理结构,明确决策、执行、监督等方面的职权权限就是好的内部环境。它至少包括以下几个方面。

股东(大)会由全体股东组成,是公司的最高权力机构和决策机构,依法行使表决权。

董事会是股东(大)会闭会期间的办事机构,依法行使经营决策权。

监事会是由股东(大)会选举的监事组成,代表股东(大)会执行监督职能。

经理层是受董事会监督的企业运行力量,负责企业日常的运营秩序与经营管理,下设有财务部、行政人事部、销售部、采购部等。

审计委员会是董事会下设的专业独立机构,负责审计、监督等相关事宜,下设有内审部,企业内部审计人员直接向审计委员会汇报,以保证其独立性。

薪酬委员会主要负责制定公司董事及经理人员的考核标准并进行考核,负责制定、审查公司董事及经理人员的薪酬政策与方案。

提名委员会则负责向股东(大)会提交每年改选的董事名单和候选人名单,并负责寻找和提出 CEO(首席执行官)的继任人选,报请董事会考虑。

战略委员会负责对与公司长期发展战略规划相关的事宜进行研究并提出建议。

治理结构示意图如图 7-1 所示。

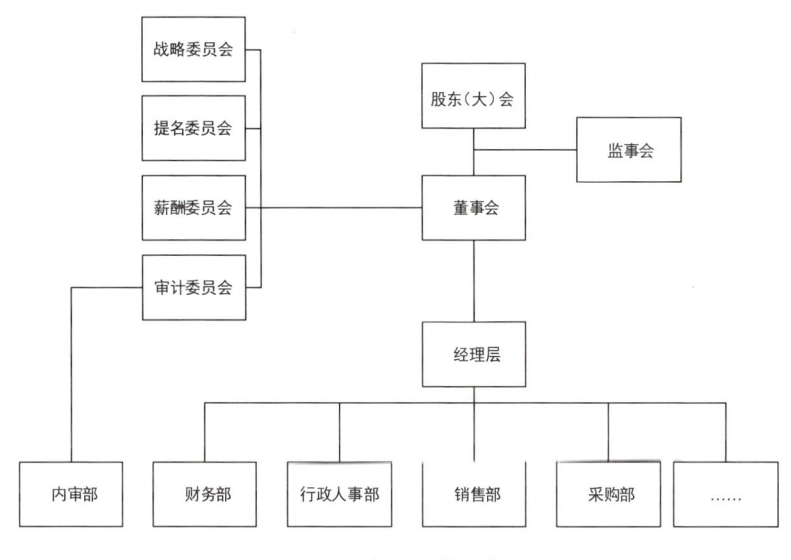

图 7-1 治理结构示意图

如果一家企业大致建立了这样的治理结构，至少说明该企业对其长久发展有一定的规划。"

"我们公司目前有董事会、监事会、经理层。董事会成员中一部分是公司高管，另一部分是集团公司派下来的。但是董事会下没有设立专门的委员会，这样有问题吗？"老虎问道。

"独立董事是上市公司必须有的，但是对于非上市公司来讲，可以没有独立董事。但是董事会、监事会、经理层的基本架构是必须保证的。不管是董事会、监事会或者经理层，都应该有明确的议事规则和权限。

除了在形式上建立起完善的组织架构，治理层是否能够按照要求履职也是十分重要的环节，董事会及其下属委员会，特别是审计委员会的履职情况越来越被重视。

2023 年 8 月，为了规范独立董事行为，证监会颁布了《上市公司独立董事管理办法》，充分发挥独立董事在上市公司治理中的作用，促进上市公司提高质量。

近年来,随着监管力度不断加大,公司董事长、董事、独立董事、监事由于监管不到位和未勤勉尽责而被行政处罚的案例逐渐增多。"

【案例】深圳丹邦科技股份有限公司

"深圳丹邦科技股份有限公司(以下简称丹邦科技)成立于2001年11月20日,在深圳证券交易所中小板上市,后于2022年5月被终止上市。

在2023年11月20日,丹邦科技收到中国证监会下发的《行政处罚决定书》(中国证券监督管理委员会深圳监管局行政处罚决定书〔2023〕10号):经查明,丹邦科技(丹邦退,002618)在2018年至2020年上半年伪造销售合同、销售订单、成品出仓单、客户对账单等相关资料,虚构与9家公司的境外销售业务,制造销售回款的假象。

丹邦科技披露的《2018年年度报告》《2019年年度报告》《2020年上半年度报告》存在虚假记载,具体如表7-1所示。

表7-1 丹邦科技2018年至2020年上半年的虚假记载

单位:万元

虚增项目	2018年	2019年	2020年上半年
营业收入	18665	28255	11119
利润	7544	11999	4477

根据违法行为的事实、性质、情节与社会危害程度,并结合违法行为跨越新旧《中华人民共和国证券法》适用的特别情形,证监局对丹邦科技责令改正,给予警告,并处以400万元罚款;对公司高级管理人员给予表7-2所示的处罚。

表 7-2　丹邦科技高级管理人员的具体处罚情况

姓名	职务	处罚结果
刘×	实际控制人，时任公司董事长、总经理	给予警告，并处以 800 万元罚款
谢×	监事会主席	给予警告，并处以 200 万元罚款
邓××	财务负责人	给予警告，并处以 200 万元罚款
任× 刘××	董事	给予警告，并分别处以 100 万元罚款
殷× 周××	监事	给予警告，并分别处以 60 万元罚款
莫××	董事会秘书	给予警告，并处以 70 万元罚款
龚× 陈××	独立董事	给予警告，并分别处以 50 万元罚款

（信息来源：中国证券监督管理委员会官网，内容有删改）

据不完全统计，在 2023 年有关独立董事的 8 起行政处罚案例中，共有 6 起案例涉及上市公司财务造假；在受到行政处罚的 11 名独立董事中，有 10 名均为审计委员会委员，其中 7 名为审计委员会召集人。

虽然你们公司没有审计委员会，但是我觉得也应该跟你们强调一下。

审计委员会是上市公司必设的董事会专门委员会，负有'审核公司的财务信息及其披露'的重要职责，审计委员会一般由独立董事组成，作为审计委员会召集人的独立董事属于会计专业人士，除了履行审计委员会委员的一般职责外，由于其本身具备财务、会计方面的专业知识，还应当对上市公司的财务信息保持高度的关注，必要时可以采取核查手段进行查验。

因此，在企业出现财务造假的情况下，独立董事无疑应对定期报告或已披露信息中的财务造假行为承担更大的责任，从而受到相应的行政处罚。

由此可见，独立董事对上市公司及全体股东负有忠实与勤勉义务，在上市公司治理中发挥着至关重要的作用。"

二、机构设置

"内部机构设置是搭建组织架构的关键环节，良好的内部机构设置和清晰的部门职责可以有效促进企业发展目标的实现。

如果把公司比作一个人，那各个部门就可以看作人体的各个器官。人体的各个器官都有着自己明确的功能。同理，公司的各个部门也都有着各自明确的职责。因此，公司的各个部门应按照职责分工做各自的工作。

我们在评估一家公司的内控情况时，首先会看公司有没有组织架构图，有没有明确的部门职责说明。如果公司连这两样最基本的东西都没有，那么可以肯定它的内控管理存在很大的问题。"

"可是，如果部门职责说明把每个部门的职责都写清楚了，当有一些临时工作时，会不会就没有人去做了？"

"肯定会有临时情况的发生，任何的制度规章仅能够涵盖大部分的常规内容，不可能面面俱到。因此我们常常看到在部门职责说明中有一项'完成领导交办的其他工作'。说到这里我就不得不提醒一下某位领导同志了，"花豹说着看了老虎一眼，"工作中确实会有一些难以明确主责部门，需要领导去交办的事项。**领导在交办的时候要特别注意，不能基于人员使用便利性进行指派，而是要考虑这件事更贴近哪个部门的职责，如果这件事变成一个长期工作，那还需要有长远的考虑，**

再去确定究竟应该由谁来负责。

最怕的就是,本该是 A 部门负责的事情,由于领导对 A 部门不信任,安排 B 部门做,还美其名曰 B 部门'能者多劳'!时间长了,大家都默认这事儿就该 B 部门做,那不就乱了吗?"

"我碰到过类似的问题,"兔子抢着说,"以前单位要写一个报告交给上级单位,报告中会用到一些财务数据,结果领导直接把写报告的任务交给了财务部,可问题是这个报告也不仅仅涉及财务数据和财务分析,还有一些与市场、经营相关的内容,对于这些内容,财务部是不知道的。第一年,财务部勉强将这个报告写出来了。

后来变成每年都要交这个报告,领导知道第一年是财务部写的报告,就直接把这个任务安排给了财务部……"

"除了明确组织架构和部门职责以外,还应该明确岗位职责,即明确各个部门下设几个岗位,每个岗位的具体职责都有哪些。有了具体的岗位职责,相应的这个岗位的权利及义务也就明确了。"

"可以一人多岗吗?我们公司人员少,确实会存在一个人干两个岗位,甚至三个岗位的情况,这样允许吗?"

"一人多岗也是可以的,但是在考虑岗位分配的时候,一定要尽可能满足不相容职责分离的要求。例如不能让出纳同时兼任会计进行记账。

岗位职责说明不仅要明确该岗位的具体工作内容,还应该明确该岗位的上下级关系、具体的任职要求等内容。"

【案例】岗位职责说明

岗位职责及任职要求				
部门	人力资源部	岗位名称	部门经理	直接上级	运营副总裁
管辖岗位	部门主管、人力资源专员			
岗位职责	1. 全面统筹规划人力资源开发及战略管理，拟定人力资源规划方案，并监督各项计划的实施。 2. 组织制定、执行、监督公司人事管理制度。 3. 向公司决策层提供人力资源、组织机构等方面的建议，并致力于提高公司综合管理水平，控制人力资源成本。 4. 建立并完善人力资源管理体系,研究、设计人力资源管理模式(包含招聘、培训、绩效、薪酬及员工发展等体系的全面建设）。 5. 维护、发展及传播企业文化。 6. 分析公司人力资源资料，进行公司人力资源诊断，并对相关政策进行完善			
任职要求	1. 人力资源管理或相关专业本科以上学历。 2. 五年以上人力资源管理工作经验。 3. 熟悉人力资源招聘、薪酬、绩效考核、培训等规定和流程，熟悉国家各项劳动人事法规政策。 4. 具有战略性、策略化思维，具有较强的分析、解决问题的能力；具有很强的激励、沟通、协调及团队领导能力，具有很强的责任心和事业心			

三、权责分配

"对于你们来讲，'三重一大'应该都不陌生吧。"

"凡属重大决策、重要干部任免、重要项目安排和大额度资金的使用，必须经集体讨论作出决定。"老虎回答道。

"我记得刚开始接触'三重一大'检查的时候，大概是2013—2014年，很多单位都制定了'三重一大'管理制度，但仅仅只是个制度，制度中缺乏对于集体决策事项的明确规定，基本不具备可操作性。

当时大家应该对'三重一大'集体决策还不是很重视。但随着近些年的巡视、检查，发现很多问题都与'三重一大'管理有关，管理层开始越来越重视这个事情，在决策事项清单、与会者发言要求、发言先后顺序、决策程序以及会议记录等方面都制定了具体的要求。

在非国有企业，我觉得也有类似的要求。例如《公司章程》《董事会议事规则》等文件中会规定哪些事项需要经过股东大会、董事会的审批。

从之前我所讲的治理结构来看，公司在治理层面除了股东大会、董事会，还包括经理层。那么经理层到底应该针对哪些事项进行集体决策，是不是也应该有明确的规定呢？

之前碰到过一家公司，该公司制定了《总经理工作细则》，其中提到公司定期或不定期召开总经理办公会，并对总经理办公会的审议事项进行了规定，其中一条为'有关日常经营、管理、科研活动中的重大问题和业务事项'。

这样的规定你们觉得有问题吗？"

"有没有列明具体哪些内容属于重大问题和业务事项？如金额、性质？如果没有，那就有问题。我们公司专门有一个'三重一大'事项清单。清单里详细列明了各类需要集体决策的事项，以及该事项按照金额、影响程序、性质的不同分别需要哪个层级进行决策。这样才能不漏项。"老虎补充道。

"我在该公司里问了一圈，包括负责组织召开会议的行政部、财务部、内审部等，他们都告诉我公司对于这些问题没有一个明确的清单，基本上是约定俗成或靠经办部门的判断。

从内控的角度来讲，我认为这就是内控设计存在缺陷。如果公司没有制定明确标准，那么执行起来就有可能出现多种不同的情况。针对同一事项，如果经办部门的人员属于保守型的，就会提请召开办公会，而如果属于激进型的，就有可能不提请召开办公会。

可能有人会说，不召开办公会还是会让总经理审核吧。总经理在审核的时候认为需要先集体决策再召开办公会也可以吧。但我想说的是，总经理的判断标准是什么呢？能够始终保持判断标准的一致性吗？公司管理还是应该靠制度而不是靠人。

好了，关于内部环境，就讲到此，如果有什么问题，我们再随时交流。"

第二节
内控的风向标——风险评估

"内部控制的五大要素的第二大要素是……"

"风险评估!"

"上次我讲内控的时候,提到了有关什么是风险的问题。当时兔子没在,正好虎总趁这个机会复习一下。"

"内控是为了控制或者说是防范风险的。风险会对企业目标的实现产生影响。"

"行,基本说到点儿上了,那现在可以说说风险评估了。刚才提到了风险的前提是先有目标,按照指引的说法:'企业开展风险评估,应当准确识别与实现控制目标相关的内部和外部风险……'

在确定控制目标的前提下,风险评估一般分为风险识别、风险分析、风险应对三个步骤。我举个例子来说明。

某连锁面包店经过 10 年的发展,已经在中国北方的几个主要省份占据了绝对的市场份额。该面包店也在进行内控管理,其中就包括要开展风险评估。

一般的面包店都是以零售为主,但是该面包店除了做零售以外,还开发了一些大客户,因此,大客户的应收账款管理就成了该面包店销售业务管理中的一个重要子流程。

按照风险评估的要求,我们首先应该确认这个子流程的目标,那么请问这个子流程的目标是什么?"

"应收账款管理的目标当然是能够及时完整地把钱收回来啊!"

"好的,那确定了这个目标之后,我们就可以开始进行风险识别了。针对这个目标,你认为具体都有些什么风险呢?老虎请回答。"

"目标是能够及时完整地把钱收回来。这里面我觉得有两个点是比较关键的,一个是时间上要及时,另一个是范围上要完整。按照这个思维逻辑,是不是可以理解成应收账款管理的风险有以下两个:

第一,应收账款未能及时收回;

第二,应收账款未能完整收回。"

"我有一个问题,应收账款的形成是由于该面包店给了客户一定的账期,账期长了,公司的应收账款就过大,账期短了,客户又不愿意在该面包店买东西了,这算应收账款管理的风险吗?"兔子说。

"也可以算,但是我觉得账期的问题更多的是与客户信用管理相关,因此,如果是我的话,我可能会考虑把它放在客户信用管理的流程中。

一般我们在进行风险描述的时候,不仅要描述风险本身,还要描述风险带来的影响,所以,我总结一下该面包店大客户应收账款管理的主要风险,包括:

第一,应收账款未能及时收回,可能影响本期经营业绩和现金流;

第二,应收账款未能完整收回,可能导致财务报表信息不完整和不准确。

那么,确定了风险以后,就要开始进行风险评估了。风险评估是一个相对来讲比较专业的事情。它需要评估人对业务以及风险都有比较清晰的认识。

评估风险的高低主要从两个方面进行考虑，一方面是风险发生的可能性的大小，另一方面是风险发生造成的影响的大小。

按照刚才讲的方法，你们认为上面两个风险的评估结果是高、中还是低呢？"

"我在集团公司时也参与过风险评估。按照我的理解，第一个风险应该是高风险，第二个风险可能是中风险。"老虎说。

"为什么会得出这个结论呢？"

"我是这么理解的：从总体上来讲，第一个风险会直接影响企业的现金流，而健康的现金流对这种快速消费品行业十分重要，所以这个风险的评级会高。

第二个风险是应收账款不能完整收回，虽然这个风险可能经常发生，但毕竟实现了部分回款，如果能够把比例控制在合理区间，尤其像快速消费品这种应收账款相对分散的企业来说，对应每一个欠款客户，如果是企业级别的，相信期末余额也不会太高。其实这对公司财务报表的不良影响不是很大，因此，我觉得可以被评为中风险。"

"给你一朵小红花！"花豹给老虎竖起了大拇指，"看来你对风险评估掌握得还是挺不错的，那就继续吧。

得出了风险评估的结果，就应该要说如何去应对了，也就到了控制活动的环节。但是在讲控制活动之前，我还想稍微补充一点儿内容。

有了风险，我们就要设计相应的控制，也就是应对措施。但是一个风险可以有不同的应对措施，到底应该选择哪种呢？

我举个例子，比如说虎总手里攒了些私房钱，最近听别人介绍有只股票很有潜力,准备去搏一把。

但是大家都知道投资有风险,可能会赔本,那虎总可能会怎么做呢?

第一种可能,因为有赔钱的风险,所以干脆还是不买了。

第二种可能,虎总仔细研究了这只股票的基本面,从各个渠道获取了该股票的相关信息,分析了它未来盈亏的可能性,最终决定用所有的私房钱购买这只股票。

第三种可能,虎总有'不入虎穴焉得虎子'的想法,想方设法从老婆那里要了点儿钱,用老婆给的钱和自己的一部分私房钱购买这只股票,自己还留下点儿私房钱。

第四种可能,不做任何调研,决定全盘相信消息,拿全部的私房钱买股票。"

"不得不说你这个例子举得不合适!"

"姑且一听。上面我说的四种可能代表了风险应对的四种策略,你俩能试着总结一下吗?"

"第一种,知道有风险,就直接不买了,这应该是一种回避的态度。

第二种,知道有风险,但还是要买股票,因此从各个渠道获取该股票的相关信息,分析它未来盈亏的可能性,降低赔本的可能性。

第三种,知道有风险,借助老婆的力量,如果赔了也没把自己的私房钱全赔进去。

第四种,知道有风险,但是不管三七二十一,就直接买,如果真赔了也心甘情愿接受结果。"

"兔子你太棒了,说出了风险应对的四种策略。

它们分别是风险回避、风险降低、风险分担、风险承受。有了总体的应对策略,才能制定相应的应对措施。

最后，关于风险我再强调一点，**风险是会随着内外部环境的变化而变化的**。这个风险今天有，明天可能就没有了，或者今天是高风险，明天可能就成低风险了，所以风险评估这套流程也是需要定期做的。"

第三节
内控的核心——控制活动

"下面我就讲讲内控最核心的部分——控制活动。控制活动涉及企业的方方面面。我之前举的很多例子都属于控制活动的范畴。

另外,你们应该还记得内控的 18 项指引吧。这些指引将内控涉及的各个模块的相关管理内容都进行了基本的规定,而企业根据这些规定采取的具体措施就是控制活动。

所以,你们要做内控的话,可以涉及哪部分就直接参考指引中哪部分的要求,所以这里咱们就不会每个模块都去详细讲解了,但是有些总体性的内容还是需要了解的。

控制可以有多种分类方式。例如,从控制方式的角度上来讲,控制可以分为手工控制和系统控制,这个在之前也提到过;从性质上来讲,控制可以分为预防性控制和检查性控制。"

"这个很好理解。预防性控制就是在事情(风险)还没发生前预先采取一些措施;而检查性控制则更侧重于事后发现。"

"没错,那你们从字面上理解,觉得这两种控制类型哪一种更好?"

"当然是预防性控制了,这种控制类型能够在风险没有发生前预先防范,这就是控制的意义所在。"

"确实,大部分的控制都属于预防性控制,但是仅仅有预防性控制是不够的,还需要一些检查性控制进行补充。

例如,我们最常见的固定资产盘点,我先说这是一个补偿性控制。

正常来讲，固定资产的采购、购买、入库验收、领用、入账等环节都有相应的流程，其中也都有相应的控制措施。

就拿领用、入账环节来说，财务部会根据固定资产的验收单和领用单来记录固定资产的增加，发生一笔记录一笔，财务入账也有审核。针对固定资产记录不完整的风险，预防性控制已经有了，那为什么还需要定期盘点呢？

发生一笔记录一笔并不能完全保证固定资产的完整性，而加上固定资产盘点的控制点才能够有效地保证其完整性。因此，固定资产盘点是为了核对实物和财务账上的记录是否一致，如果存在差异就要找出原因并进行相应的处理，使双方保持一致。在财务报表正式生成前发现问题并及时进行调整也是可以被接受的。

所以说并不是有了预防性控制就行了。还要看这个控制是否能够有效地防范风险，如果不能，要么增加预防性控制，要么增加补偿性控制。

控制措施从类型上可以分为不相容职责分离、授权审批控制、会计系统控制、财产保护控制、预算控制、运营分析控制和绩效考核控制等七大类。

我个人认为前面四类控制措施是最基本的控制要求，也就是每个企业应该具备的；而后面三类控制措施则是更高级别的要求。

所以建议企业先建立和完善基本的控制要求，再逐步建立和完善更高级别的控制要求。

下面我就重点讲几类控制措施。"

一、不相容职责分离

"我记得之前给你们举过不相容职责分离的例子。"

"在'机构设置'里有提到过,在考虑一人多岗的时候,应该考虑不相容职责分离的问题。"

"对。不相容职责是指企业内不能由一个部门或一个人员同时担任的职责,否则可能造成弄虚作假或易于掩盖其舞弊行为的职务。

它的控制理念基础是两个或两个以上的部门或人员无意识犯有同样错误的可能性相对较小,而有意识地合伙舞弊的可能性低于一个部门或人员舞弊的可能性。

适当的职责分离是现代企业内部控制的重要方式之一,其核心是'内部牵制'。"

【案例】不相容职责分离矩阵

"一个业务流程通常可以划分为申请、审批、执行和记录四个步骤,如果每个步骤都由相对独立的人员或部门分别实施或执行,就能够保证不相容职责的分离。

对于某个业务流程,常见的不相容职责包括:

- 授权审批职责与执行业务职责;
- 执行业务职责与监督审核职责;
- 执行业务职责与相应的记录职责;
- 财物保管职责与相应的记录职责;
- 授权批准职责与监督检查职责。

在内控体系建设过程中,除了之前介绍过的风险控制矩阵,我们还会有一个工作底稿,名叫'不相容职责分离矩阵'。

用这个矩阵可以清晰地识别出一个业务事项里存在的不相容职责具体有哪些,企业可以在充分考虑这些不相容职责的前提下进行职责和岗位的分配。

图 7-2 为不相容职责分离矩阵中有关采购流程的部分内容，其中标识'×'的为不相容职责。

活动／职责	采购申请	采购申请审批	拟定采购合同	采购合同审批	采购收货	采购收货记录	采购发票检验	采购付款申请	采购付款审批	资金支付	付款会计凭证记录	付款会计凭证审核
采购申请		×		×								
采购申请审批	×		×									
拟定采购合同		×			×		×					
采购合同审批	×				×							
采购收货			×	×		×	×					
采购收货记录					×		×					
采购发票检验			×	×	×	×						
采购付款申请									×			
采购付款审批								×		×		
资金支付									×		×	
付款会计凭证记录										×		×
付款会计凭证审核											×	

图 7-2 部分采购流程的不相容职责分离矩阵

如果上述的采购与付款流程是在信息系统里进行处理的，我们也可以借助信息系统权限分配管理技术，通过权限设定等方式实现不相容职责的互相分离。

在进行权限设置时，应避免将两个（或以上）可能导致舞弊或误操作的权限同时授予一个用户。例如，在财务系统中，会计凭证的录入和审核权限不能授予同一个用户。"

二、授权审批控制

"下面我要和你们重点说一下授权审批控制。授权审批控制是内控中最常见的控制类型。之前我在讲治理结构的时候就提到过治理层面的授权问题,就是'三重一大'事项,这里主要讲的是经营层面的授权管理。"

"授权管理是不是就是授权审批?我们公司的各项制度里会规定某一事项要经过审批。"

"具体经过哪些人审批,制度里写清楚了吗?"

"这个不用写在制度里,OA 系统中已经预先设置好了。OA 系统会自动将审核信息发送给相关人员,由相关人员进行审核。"

"我们可以理解为 OA 系统中预先设置好的就是公司的审批权限。那我的第一个问题是如何在系统里设置权限?给谁设置什么样的权限又是由谁来规定的?"

"是集团公司要求我们引入 OA 系统时,咨询公司帮我们在系统里设置的,设置前了解了我们的实际情况。"

"你也说了,OA 系统中的审批权限是根据你们的实际情况直接设置的,那实际情况是否合理你们评估过吗?"

"一直以来都是这么做的,没发现问题,就没有评估过。"

"第二个问题,你能确定所有的审批事项都纳入了 OA 系统吗?有没有线下审批?"

"确实所有的事项都在 OA 系统里审批。OA 系统里也有一个功能,针对一些不经常发生的事项,员工可以在系统中提出申请,选择相应的审批人,然后审批人在系统中进行审批。"

"审批人由员工手动选择,公司制度中又没有明确规定,那是不是员工想选谁都可以，或者说员工如果想故意避开某个人的审核也是可以的？"

"有这个可能性。"

"第三个问题，你们有没有看过现在OA系统里设置的审批权限和你们一开始预想的审批权限是否一致？"

"这还真没看过！这么看来，这次做内控我们还真得把审批权限再规范一下。"

"那就再给你们介绍一个工具——权限指引表。表7-3就是我们日常会使用到的权限指引表。

针对一个业务流程形成一张表，表的左边列明了在这个流程中需要审批的事项具体有哪些，针对每一个审批事项具体由谁提出，需要经过哪些岗位的审核，最终由谁进行审批。表格里标注的'-1''-2'等表示审核的先后顺序。"

"这个表格确实展示得很清楚。"

"其实，在梳理完各个业务流程之后，每个流程只要涉及有审批事项的，都可以形成这样一张表。"

表7-3 权限指引表

业务循环	流程名称	审批事项	固定资产使用部门			设备管理员	财务部		行政部	总经理	董事长
			使用人	主管	负责人		经理	总监	经理		
固定资产管理	固定资产清查盘点流程	固定资产盘点报告（无差异）	提报			提报	审核-1	审批			
		固定资产盘点报告（有差异）	提报	审核-1		提报	审核-1	审核-2		审批	
	固定资产调拨流程	资产调拨		审核-1		审批					
	固定资产处置流程——生产设备	正常报废资产申请	提报	审核-1	审核-3	审核-2				审批	
		非正常报废资产申请	提报	审核-1	审核-3	审核-2				审批	
		废品处置比价表			审核-1	提报	审核-2	审批			
	固定资产处置流程——其他固定资产	资产报废申请（账面净值＜10000元）	提报		审核-1				审核-2	审批	
		资产报废申请（账面净值≥10000元）	提报		审核-1				审核-2	审批	
		废品处置比价表				提报	审核-2	审批	审核-1		

"说到授权审批,我给你们讲几个例子。

一家集研发和生产制造于一体的民营公司准备上市,于是聘请了我们去协助公司进行内控体系建设工作。

老板对公司资金的管理特别谨慎,主要表现在公司一直没有开通网银付款,所有的付款都是采用开立转账支票的方式,因为老板觉得网银付款不安全。另外,公司的任何一笔付款都需要经过老板签字审批,用于在支票上盖章的法人章也由老板保管。

采购部的人员跟我们反映,公司付款的审批流程太长了,老板又经常不在公司。有时候公司急需采购物资,供应商要求付预付款或是先结一部分上次的应付款项,但是找不到老板签字盖章,所以采购的时候困难重重。

于是我们重点针对采购至付款这一整套流程的审批权限进行了梳理,发现在'供应商选择—供应商询比价—采购合同签订—付款申请审批—付款'的整个流程中,每个环节都要经过老板的审批。这个付款流程确实会影响效率,一旦老板不在办公室,整个流程都要停滞。"

"后来怎么解决的呢?我觉得一般这种情况,老板多半是不愿意放权,所以才会想着什么都要亲自审批。"

"我们把整个流程的审批节点汇总成了一张表,然后向老板讲解在这个过程中需要她审核的内容都有哪些,再通过给她灌输内控管理、分级授权的概念,最终让她同意进行分级授权,只授予她最关注的事项的审批权限,包括合同审批和付款申请审批等,将其他的事项授权给其他人进行审批。

授权审批里还有一种情况不但会对工作效率有影响,而且对效果也会有影响。即每一个审批事项需要经过各相关部门至少两个人员审核,最后由公司总经理进行审批。

下面是一家公司由职能部门负责签订、不涉及费用支付、不涉及关联交易的合同需要经过的审批流程：

申请人—申请部门合规专员—部门总经理—部门分管领导—合规管理部法务—合规管理部总经理—总裁办公室秘书—总裁办公室主任—分管总裁办公室领导—总裁。"

"这个审批程序看上去确实有点复杂啊！"

"我们称这种审批程序为'一审到底'，涉及的审核部门基本是审核人、部门负责人、部门分管副总，最终到公司总裁。

关键是当我们去问相关人员他们的审核重点时，很多人根本不清楚，只是说：'领导觉得我们应该审，我看前面的人通过了我就也通过了……'

你们说这样的授权审批有意义吗？接下来在测试的过程中就会发现文件的内容不对但是审批都通过了，两个审批节点之间审批通过的时间是1秒钟等问题。

按照内控有效性评价的思路，即使审批人通过审批，但是内容是错的，我们也会认为这个审核是无效的。"

三、预算控制

"预算控制要求企业实施全面预算管理制度，明确各责任单位在预算管理中的职责权限，规范预算的编制、审定、下达和执行程序，强化预算约束。

全面预算是指企业对一定期间的经营活动、投资活动、财务活动等做出预算安排。企业应当按照全面预算指引提出的控制要求，结合自己的实际情况，采取下列主要控制措施：

- 健全全面预算管理体制；

- 明确各环节授权批准程序和工作协调机制；
- 完善全面预算各项管理制度。

实际中，一般国有企业会实施完整的全面预算管理，而民营企业如果实施预算管理，更主要的还是侧重于资金费用的预算管理。

给你们讲一个案例：某单位每个月由每个部门编制下个月的资金支出预算，经部门负责人和分管领导审核后记录在费用报销系统中。实际需要资金支出时，由申请人在费用报销系统中填写支出申请，系统自动检查该笔支出是否在预算内，如果超出预算范围则由申请部门在费用报销系统中提出'预算修改申请'，经审批后再进行支付。

你们觉得这个单位的预算管理如何？"

"你说没有预算控制吧，每个月确实编制了资金支出预算，但是这个预算又能随时进行修改，那还怎么进行控制呢？他们还有年度总额控制吗？月度总额可以调整，年度总额也可以调整吗？"

"是的，如果有年度总预算，只是月度预算进行调整，我觉得也是可以的。但是如果他们的情况是有年度总额，而实际上不按照这个总额进行控制，基本上可以理解为形式上有，实际上没有预算控制吧。"

"那像这种情况会被认定为内控无效吗？"

"如果是非国有的上市公司，公司本身没有明确的管理要求，我觉得是没有问题的，如果自己制定了制度但是不执行，那就有问题。针对国有企业，股东对他们提出了这样的要求，如果没做或做得不好就会被认定为内控缺陷。"

"看来同样的问题，在不同的企业得出的结论也是不一样的啊！"

"当然了！"

第四节
内控的重要环节——信息与沟通

"企业所有的经营活动都离不开信息,而这些信息又应当被及时、准确、完整地传递给企业内部需要的人,以便相关人员能够正确地处理这些信息,这就是信息与沟通。

你们觉得贵公司范围内的信息都包括哪些?"

"对外披露的财务报表,对外报送的各种报表、报告;对内,例如上下级之间的电子邮件、会议纪要、各种备忘录、各种形式的会议材料等。"

"信息与沟通主要讲的是内部信息、外部信息和信息系统。这里我主要说说内部信息传递的事情。

内部信息传递是指企业内部各管理层级之间通过内部报告的形式传递生产经营管理信息的过程。

说到这里,让我想起了一个故事。"

【案例】德国国家发展银行转账乌龙

"2008年9月15日10:00,拥有158年历史的美国第四大投资银行——雷曼兄弟公司(以下简称雷曼)向法院申请破产保护,消息一瞬间通过电视、广播和网络传遍地球的各个角落。

而匪夷所思的是,在如此明朗的情况下,德国国家发展银行在当天的10:10,按照协议,通过计算机自动付款系统向雷曼即将冻结的银行账户转入了3亿欧元。毫无疑问,这3亿欧元将是肉包子打狗——有去无回。

转账风波曝光后，德国社会各界大为震惊，舆论哗然。人们不禁要问，在短短 10 分钟的时间里，德国国家发展银行内部到底发生了什么事情，从而导致如此愚蠢的低级错误发生。

首席执行官——乌尔里奇·施罗德：'我知道今天要按照协议预先的约定转账，至于是否撤销这笔巨额交易，应该让董事会开会讨论决定。'

董事长——保卢斯：'我们还没有得到风险评估报告，无法及时做出正确的决策。'

董事会秘书——史里芬：'我打电话给国际业务部催要风险评估报告，可那里总是占线，我想还是隔一会儿再打吧。'

国际业务部经理——克鲁克：'星期五晚上准备带上全家人去听音乐会，我得打电话预订门票。'

国际业务部副经理——伊梅尔曼：'我在忙于其他事情，没有时间去关心雷曼的消息。'

负责处理雷曼相关业务的高级经理——希特霍芬：'我让文员上网浏览新闻，一旦有雷曼的消息就立即报告，现在我要去休息室喝杯咖啡了。'

文员——施特鲁克：'10:03，我在网上看到了雷曼向法院申请破产保护的新闻，马上就跑到希特霍芬的办公室，可是他不在，我就写了张便条放在办公桌上，他回来后会看到的。'

结算部经理——德尔布吕克：'今天是协议规定的交易日子，我没有接到停止交易的指令，那就按照原计划转账吧。'

结算部自动付款系统操作员——曼斯坦因：'德尔布吕克让我执行转账操作，我什么也没问就做了。'

信贷部经理——莫德尔：'我在走廊里碰到了施特鲁克，他告诉我

雷曼破产的消息,但是我相信希特霍芬和其他职员的专业素养,一定不会犯低级错误,因此也没必要提醒他们。'

公关部经理——贝克:'雷曼破产是板上钉钉的事,我想跟乌尔里奇·施罗德谈谈这件事,但上午要会见几个克罗地亚客人,等下午再找他也不迟,反正也不差这几个小时。'

(信息来源:百度网,内容有删改)

从内部信息传递的角度上讲,你们觉得这家公司有什么问题?"

"这是当局者迷吗?负责处理与雷曼业务的文员看到了雷曼向法院申请破产保护的新闻,没有第一时间找到业务经理,而是留了个便条就完事了,这种情况可以先越级反映一下。"

"董事会秘书着急要风险评估报告,因为电话占线就决定先等等。这要是我早就跑去国际业务部找人了!"

"如果是一般性事件,就有充足的时间做出决策,大家按照规定的方式和程序去沟通肯定是没有问题的。但是当遇到十分紧急的情况时,难道还能按照这种方式进行沟通吗?我觉得这就是一个信息传递不及时的例子。

内控中所说的内部信息传递,主要关注的就是公司是否有畅通的渠道和合适的沟通方法,能够使信息及时、准确地传递到应该传递的部门和人员。

关于信息传递,我还想起一个例子。我朋友是一家加拿大公司的财务经理,有一天她在公司邮箱里收到了一封邮件,大致意思是业务部指责财务部付款不及时,导致一项急需的物资采购出现了问题。这封邮件抄送给了公司全体。

我朋友当时就很奇怪,业务部曾经是给她发过邮件说当日下午5点前可能有一笔采购款要进行支付,但是没有收到业务部最终的确认支付通知，怎么就变成财务部付款不及时了呢？邮件还抄送给了公司全体！

于是，她气愤地给业务部回了一封邮件，也抄送给了公司全体，详细描述了事情经过，还附上了相关证据的截图。

当然了，最后这事儿怎么处理的她没跟我说，但是内部沟通出现问题这种事情在企业里经常会发生。可见，在一个组织内部，长期、定期、有效的信息沟通有多重要。"

第五节
内控的重要手段——内部监督

"终于讲到内控的最后一个要素了——内部监督。内部监督主要分为日常监督和专项监督，如定期的内部审计、离任审计、内控自评价，又如公司内部设立的举报箱或举报邮件等。

内部审计相对来说是比较有效的监督形式。按照监管的普遍要求，上市公司都需要有独立的内部审计团队，直接汇报给审计委员会及董事会，职责相对独立，保证检查结果的客观公正。

我记得你们之前提到过你们公司没有审计部，是不是需要单独设立的问题。"

"是啊，我们每年的人员编制、部门设置、工资总额都是由集团公司批准的，集团公司并没给我们这部分预算。"

"对于你们来说，是否设立审计部取决于集团公司是否有明确的要求。我也见过有些集团公司内部审计的职能由集团公司统一承担，因此不在下属子公司设立审计部的。我觉得这个是可以理解的，但是内部审计工作还得有人来干。

内部审计在中国古已有之，清朝的御史可以'风闻奏事'，说错了也不用负责任，为的就是保证其地位的中立和客观。

近年来，内部审计部门越来越得到公司管理层的重视。华为的内部审计部就是一个很典型的例子。"

【案例】华为"司法部队"——内部审计部

一、审计的定位与职责

"华为的内部审计部隶属于董事会,独立于业务及流程之外,对公司所有经营活动的控制状况进行独立的监督评价,权威性很高。内部审计的对象不仅包括一般员工、管理人员,也包括公司的中枢管理机构(Executive Management Team,EMT)成员。

在一次针对 EMT 成员的内部审计中,内部审计部发现总裁任正非有一次到日本出差,本应该自付的酒店洗衣费,不小心连同其他费用一起报销了。

为此,审计部专门找任正非谈话,任正非不仅退回了这笔费用,而且还为此写了一份检讨。虽然有小题大做之嫌,但是这种保证不分上下的制度,让企业管理者和经营者产生了安全感。

内部审计的独立性一直是一个老生常谈的问题。华为内部审计部是直接向董事会汇报的,因此可以针对 EMT 成员发生的问题进行审计,发现问题按照规定处理即可。

内部审计的独立性还表现在'独立于业务流程之外'。有些公司的领导很有风险防范意识,业务流程中有把握不准的事情,就要求审计部给出意见,甚至在特别的流程中特别注明需要审计部的审核。

如果审计部参与了具体的业务流程,它就不具备对这个流程进行独立审计的条件了。"

二、审计的方法

"在审计方法上,华为一方面坚持无罪论定,没有证据不能随便伤害一个干部;另一方面又本着实事求是的原则,坚持把'功'和'过'

区分开来，分别进行处理。"

2016年12月1日，任正非在华为监管体系座谈会上曾说过："第一，审计调查问题，首先是无罪论定。必须有证据，没有证据不能随便伤害一个干部；同时要有科学的方法，实事求是的方法，要尊重人权。干部要严格要求自己，尽量不要出这样的问题。当出现问题时，我们想同情也没有用，如果我们总想着同情，最后摧毁的只能是好人。**现在公司90%以上都是好人，不能让几个坏人把公司毁了**。如果确有证据，斗争有理、有力、有节，要有节制，不是说斗争就是无情打击，那样解决不了问题。

第二，评功摆好不是审计人员的责任，这是最高领导层的责任，'功'和'过'是两回事。审计本着实事求是的原则，把问题调查清楚，处理问题交给HRC的纪律与监察分委会，查处分开。我们要把功和过分开，如果这个人有功，就宽容了他的过，这样就建立不了铁的组织纪律。"

"就像我之前讲的内控缺陷确认一样，内部审计发现的问题也要慎重评判，必须有理有据。但是一旦确认问题，也不能讲情面，必须如实记录，如实汇报。"

到这里，我已经把内控的相关内容介绍得差不多了。实施的过程中肯定还会遇到各种各样的问题，但是没关系，只要始终认清内控是为了防范风险，不用追求一次就能做到多么完美，慢慢来，循序渐进……"

（信息来源：喜马拉雅，内容有删改）

附 录

附录一：内控相关政策清单

（1）《企业内部控制基本规范》（财会〔2008〕7号）

（2）《关于印发企业内部控制配套指引的通知》（财会〔2010〕11号）

（3）《关于2012年主板上市公司分类分批实施企业内部控制规范体系的通知》（财办会〔2012〕30号）

（4）《关于加快构建中央企业内部控制体系有关事项的通知》（国资发评价〔2012〕68号）

（5）《关于加强中央企业内部控制体系建设与监督工作的实施意见》（国资发监督〔2019〕101号）

（6）《关于进一步提升上市公司财务报告内部控制有效性的通知》（财会〔2022〕8号）

（7）《关于强化上市公司及拟上市企业内部控制建设推进内部控制评价和审计的通知》（财会〔2023〕30号）

附录二：内控常见风险清单

业务名称	风险
组织架构	1. 治理结构形同虚设，缺乏科学决策、良性运行机制和执行力，可能导致企业经营失败，难以实现发展战略。 2. 内部机构设计不科学，权责分配不合理，可能导致机构重叠、职能交叉或缺失、推诿扯皮，运行效率低下
发展战略	1. 缺乏明确的发展战略或发展战略实施不到位，可能导致企业盲目发展，难以形成竞争优势，丧失发展机遇和动力。 2. 发展战略过于激进，脱离企业实际能力或偏离主业，可能导致企业过度扩张，甚至经营失败。 3. 发展战略因主观原因频繁变动，可能导致资源浪费，甚至危及企业的生存和持续发展

续表

业务名称	风险
人力资源	1. 人力资源缺乏或过剩、结构不合理、开发机制不健全，可能导致企业发展战略难以实现。 2. 人力资源激励约束制度不合理、关键岗位人员管理不完善，可能导致人才流失、经营效率低下或关键技术、商业秘密和国家机密泄露。 3. 人力资源退出机制不当，可能导致法律诉讼或企业声誉受损
社会责任	1. 安全生产措施不到位，责任不落实，可能导致企业发生安全事故。 2. 产品质量低劣，侵害消费者利益，可能导致企业巨额赔偿、形象受损，甚至破产。 3. 环境保护投入不足，资源耗费大，造成环境污染或资源枯竭，可能导致企业面临巨额赔偿、缺乏发展后劲，甚至停业。 4. 促进就业和员工权益保护不够，可能导致员工积极性受挫，影响企业发展和社会稳定
企业文化	1. 缺乏积极向上的企业文化，可能导致员工丧失对企业的信心和认同感，企业缺乏凝聚力和竞争力。 2. 缺乏开拓创新、团队协作和风险意识，可能导致企业发展目标难以实现，影响可持续发展。 3. 缺乏诚实守信的经营理念，可能导致舞弊事件的发生，造成企业损失，影响企业信誉。 4. 忽视企业间的文化差异和理念冲突，可能导致并购重组失败
资金活动	1. 筹资决策不当，引发资本结构不合理或无效融资，可能导致企业筹资成本过高或债务危机。 2. 投资决策失误，引发盲目扩张或丧失发展机遇，可能导致资金链断裂或资金使用效益低下。 3. 资金调度不合理，营运不畅，可能导致企业陷入财务困境或资金冗余。 4. 资金活动管控不严，可能导致资金被挪用、侵占、抽逃或遭受欺诈
采购业务	1. 采购计划安排不合理，市场变化趋势预测不准确，造成库存短缺或积压，可能导致企业生产停滞或资源浪费。 2. 供应商选择不当，采购方式不合理，招投标或定价机制不科学，授权审批不规范，可能导致采购物资质次价高，出现舞弊或遭受欺诈。 3. 采购验收不规范，付款审核不严，可能导致采购物资、资金损失或信用受损

续表

业务名称	风险
资产管理	1. 存货积压或短缺，可能导致流动资金占用过量、存货价值贬损或生产中断。 2. 固定资产更新改造不够、使用效能低下、维护不当、产能过剩，可能导致企业缺乏竞争力、资产价值贬损、安全事故频发或资源浪费。 3. 无形资产缺乏核心技术、权属不清、技术落后、存在重大技术安全隐患，可能导致企业法律纠纷、缺乏可持续发展能力
销售业务	1. 销售政策和策略不当，市场预测不准确，销售渠道管理不当等，可能导致销售不畅、库存积压、经营难以为继。 2. 客户信用管理不到位，结算方式选择不当，账款回收不力等，可能导致销售款项不能收回或遭受欺诈。 3. 销售过程存在舞弊行为，可能导致企业利益受损
研究与开发	1. 研究项目未经科学论证或论证不充分，可能导致创新不足或资源浪费。 2. 研发人员配备不合理或研发过程管理不善，可能导致研发成本过高、舞弊或研发失败。 3. 研究成果转化应用不足、保护措施不力，可能导致企业利益受损
工程项目	1. 立项缺乏可行性研究或者可行性研究流于形式，决策不当，盲目上马，可能导致难以实现预期效益或项目失败。 2. 项目招标暗箱操作，存在商业贿赂，可能导致中标人实质上难以承担工程项目、中标价格失实及相关人员涉案。 3. 工程造价信息不对称，技术方案不落实，概预算脱离实际，可能导致项目投资失控。 4. 工程物资质次价高，工程监理不到位，项目资金不落实，可能导致工程质量低劣，进度延迟或中断。 5. 竣工验收不规范，最终把关不严，可能导致工程交付使用后存在重大隐患
担保业务	1. 对担保申请人的资信状况调查不深，审批不严或越权审批，可能导致企业担保决策失误或遭受欺诈。 2. 对被担保人出现财务困难或经营陷入困境等状况监控不力，应对措施不当，可能导致企业承担法律责任。 3. 担保过程中存在舞弊行为，可能导致经办审批等相关人员涉案或企业利益受损

续表

业务名称	风险
业务外包	1. 外包范围和价格确定不合理，承包方选择不当，可能导致企业遭受损失。 2. 业务外包监控不严、服务质量低劣，可能导致企业难以发挥业务外包的优势。 3. 业务外包存在商业贿赂等舞弊行为，可能导致企业相关人员涉案
财务报告	1. 编制财务报告时违反会计法律法规和国家统一的会计准则制度，可能导致企业承担法律责任和声誉受损。 2. 提供虚假的财务报告，误导财务报告使用者，造成决策失误，干扰市场秩序。 3. 不能有效利用财务报告，难以及时发现企业经营管理中存在的问题，可能导致企业财务和经营风险失控
全面预算	1. 不编制预算或预算不健全，可能导致企业经营缺乏约束或盲目经营。 2. 预算目标不合理、编制不科学，可能导致企业资源浪费或发展战略难以实现。 3. 预算缺乏刚性、执行不力、考核不严，可能导致预算管理流于形式
合同管理	1. 未订立合同、未经授权对外订立合同、合同对方主体资格未达要求、合同内容存在重大疏漏和欺诈，可能导致企业合法权益受到侵害。 2. 合同未全面履行或监控不当，可能导致企业诉讼失败、经济利益受损。 3. 合同纠纷处理不当，可能损害企业利益、信誉和形象
内部信息传递	1. 内部报告系统缺失、功能不健全、内容不完整，可能影响生产经营有序运行。 2. 内部信息传递不通畅、不及时，可能导致决策失误，相关政策措施难以落实。 3. 内部信息传递中泄露商业秘密，可能削弱企业核心竞争力
信息系统	1. 信息系统缺乏或规划不合理，可能造成信息孤岛或重复建设，导致企业经营管理效率低下。 2. 系统开发不符合内部控制要求，授权管理不当，可能导致无法利用信息技术实施有效控制。 3. 系统运行维护和安全措施不到位，可能导致信息泄露或毁损，系统无法正常运行

附录三：内控常见不相容岗位清单

业务名称	不相容岗位（包括但不限于）
资金业务	1. 资金支付的审批与执行。 2. 资金的保管、记录与盘点清查。 3. 资金的会计记录与审计监督。 4. 出纳人员不得兼任稽核、会计档案保管和收入、支出、费用、债权债务账目的登记工作
采购业务	1. 请购与审批。 2. 供应商的选择与审批。 3. 采购合同协议的拟订、审核与审批。 4. 采购、验收与相关记录。 5. 付款的申请、审批与执行
存货业务	1. 存货保管人员与记录人员职务相分离。 2. 存货发出的申请与审批，申请与会计记录。 3. 存货处置的申请与审批，申请与会计记录
销售业务	1. 客户信用管理、与销售合同协议的审批、签订。 2. 销售合同协议的审批、签订与办理发货。 3. 销售货款的确认、回收与相关会计记录。 4. 销售退回货品的验收、处置与相关会计记录。 5. 销售业务经办与发票开具、管理。 6. 坏账准备的计提与审批、坏账的核销与审批
工程项目业务	1. 项目建议、可行性研究与项目决策。 2. 概预算编制与审核。 3. 项目决策与项目实施。 4. 项目实施与价款支付。 5. 项目实施与项目验收。 6. 竣工决算与竣工决算审计
固定资产业务	1. 固定资产投资预算的编制与审批。 2. 固定资产投资预算的审批与执行。 3. 固定资产采购、验收与款项支付。 4. 固定资产投保的申请与审批。 5. 固定资产处置的申请与审批。 6. 固定资产处置的审批与执行。 7. 固定资产取得与处置业务的执行与相关会计记录

续表

业务名称	不相容岗位（包括但不限于）
无形资产业务	1. 无形资产投资预算的编制与审批。 2. 无形资产投资预算的审批与执行。 3. 无形资产取得、验收与款项支付。 4. 无形资产处置的申请与审批。 5. 无形资产处置的审批与执行。 6. 无形资产取得与处置业务的执行与相关会计记录。 7. 无形资产的使用、保管与会计处理
投资业务	1. 投资项目的可行性研究与评估。 2. 投资的决策与执行。 3. 投资处置的审批与执行。 4. 投资绩效评估与执行
筹资业务	1. 筹资方案的拟订与决策。 2. 筹资合同或协议的审批与订立。 3. 与筹资有关的各种款项偿付的审批与执行。 4. 筹资业务的执行与相关会计记录
全面预算业务	1. 预算编制（含预算调整）与预算审批。 2. 预算审批与预算执行。 3. 预算执行与预算考核
担保业务	1. 担保业务的评估与审批。 2. 担保业务的审批与执行。 3. 担保业务的执行和核对。 4. 担保业务的相关财产保管和担保业务记录

附录四：《企业内部控制基本规范》

企业内部控制基本规范

第一章 总 则

第一条 为了加强和规范企业内部控制，提高企业经营管理水平和风险防范能力，促进企业可持续发展，维护社会主义市场经济秩序和社会公众利益，根据《中华人民共和国公司法》《中华人民共和国证券法》《中华人民共和国会计法》和其他有关法律法规，制定本规范。

第二条 本规范适用于中华人民共和国境内设立的大中型企业。小企业和其他单位可以参照本规范建立与实施内部控制。

大中型企业和小企业的划分标准根据国家有关规定执行。

第三条 本规范所称内部控制，是由企业董事会、监事会、经理层和全体员工实施的、旨在实现控制目标的过程。

内部控制的目标是合理保证企业经营管理合法合规、资产安全、财务报告及相关信息真实完整，提高经营效率和效果，促进企业实现发展战略。

第四条 企业建立与实施内部控制，应当遵循下列原则：

（一）全面性原则。内部控制应当贯穿决策、执行和监督全过程，覆盖企业及其所属单位的各种业务和事项。

（二）重要性原则。内部控制应当在全面控制的基础上，关注重要业务事项和高风险领域。

（三）制衡性原则。内部控制应当在治理结构、机构设置及权责分配、业务流程等方面形成相互制约、相互监督，同时兼顾运营效率。

（四）适应性原则。内部控制应当与企业经营规模、业务范围、竞争状况和风险水平等相适应，并随着情况的变化及时加以调整。

（五）成本效益原则。内部控制应当权衡实施成本与预期效益，以适当的成本实现有效控制。

第五条 企业建立与实施有效的内部控制，应当包括下列要素：

（一）内部环境。内部环境是企业实施内部控制的基础，一般包括治理结构、机构设置及权责分配、内部审计、人力资源政策、企业文化等。

（二）风险评估。风险评估是企业及时识别、系统分析经营活动中与实现内部控制目标相关的风险，合理确定风险应对策略。

（三）控制活动。控制活动是企业根据风险评估结果，采用相应的控制措施，将风险控制在可承受度之内。

（四）信息与沟通。信息与沟通是企业及时、准确地收集、传递与内部控制相关的信息，确保信息在企业内部、企业与外部之间进行有效沟通。

（五）内部监督。内部监督是企业对内部控制建立与实施情况进行监督检查，评价内部控制的有效性，发现内部控制缺陷，应当及时加以改进。

第六条　企业应当根据有关法律法规、本规范及其配套办法，制定本企业的内部控制制度并组织实施。

第七条　企业应当运用信息技术加强内部控制，建立与经营管理相适应的信息系统，促进内部控制流程与信息系统的有机结合，实现对业务和事项的自动控制，减少或消除人为操纵因素。

第八条　企业应当建立内部控制实施的激励约束机制，将各责任单位和全体员工实施内部控制的情况纳入绩效考评体系，促进内部控制的有效实施。

第九条　国务院有关部门可以根据法律法规、本规范及其配套办法，明确贯彻实施本规范的具体要求，对企业建立与实施内部控制的情况进行监督检查。

第十条　接受企业委托从事内部控制审计的会计师事务所，应当根据本规范及其配套办法和相关执业准则，对企业内部控制的有效性进行审计，出具审计报告。会计师事务所及其签字的从业人员应当对发表的内部控制审计意见负责。

为企业内部控制提供咨询的会计师事务所，不得同时为同一企业提供内部控制审计服务。

第二章 内部环境

第十一条 企业应当根据国家有关法律法规和企业章程，建立规范的公司治理结构和议事规则，明确决策、执行、监督等方面的职责权限，形成科学有效的职责分工和制衡机制。

股东（大）会享有法律法规和企业章程规定的合法权利，依法行使企业经营方针、筹资、投资、利润分配等重大事项的表决权。

董事会对股东（大）会负责，依法行使企业的经营决策权。

监事会对股东（大）会负责，监督企业董事、经理和其他高级管理人员依法履行职责。

经理层负责组织实施股东（大）会、董事会决议事项，主持企业的生产经营管理工作。

第十二条 董事会负责内部控制的建立健全和有效实施。监事会对董事会建立与实施内部控制进行监督。经理层负责组织领导企业内部控制的日常运行。

企业应当成立专门机构或者指定适当的机构具体负责组织协调内部控制的建立实施及日常工作。

第十三条 企业应当在董事会下设立审计委员会。审计委员会负责审查企业内部控制，监督内部控制的有效实施和内部控制自我评价情况，协调内部控制审计及其他相关事宜等。

审计委员会负责人应当具备相应的独立性、良好的职业操守和专业胜任能力。

第十四条 企业应当结合业务特点和内部控制要求设置内部机构，

明确职责权限，将权利与责任落实到各责任单位。

企业应当通过编制内部管理手册，使全体员工掌握内部机构设置、岗位职责、业务流程等情况，明确权责分配，正确行使职权。

第十五条 企业应当加强内部审计工作，保证**内部审计机构设置、人员配备和工作的独立性**。

内部审计机构应当结合内部审计监督，对内部控制的有效性进行监督检查。内部审计机构对监督检查中发现的内部控制缺陷，应当按照企业内部审计工作程序进行报告；对监督检查中发现的内部控制重大缺陷，有权直接向董事会及其审计委员会、监事会报告。

第十六条 企业应当制定和实施**有利于企业可持续发展的人力资源政策**。人力资源政策应当包括下列内容：

（一）员工的聘用、培训、辞退与辞职。

（二）员工的薪酬、考核、晋升与奖惩。

（三）关键岗位员工的强制休假制度和定期岗位轮换制度。

（四）掌握国家秘密或重要商业秘密的员工离岗的限制性规定。

（五）有关人力资源管理的其他政策。

第十七条 企业应当将**职业道德修养和专业胜任能力**作为选拔和聘用员工的重要标准，切实加强员工培训和继续教育，不断提升员工素质。

第十八条 企业应当**加强文化建设**，培育积极向上的价值观和社会责任感，倡导诚实守信、爱岗敬业、开拓创新和团队协作精神，树立现代管理理念，强化风险意识。

董事、监事、经理及其他高级管理人员应当在企业文化建设中发挥主导作用。

企业员工应当遵守员工行为守则，认真履行岗位职责。

第十九条 企业应当加强法制教育，增强董事、监事、经理及其他高级管理人员和员工的法制观念，严格依法决策、依法办事、依法监督，建立健全法律顾问制度和重大法律纠纷案件备案制度。

第三章　风险评估

第二十条 企业应当根据设定的控制目标，全面系统持续地收集相关信息，结合实际情况，及时进行风险评估。

第二十一条 企业开展风险评估，应当准确识别与实现控制目标相关的内部风险和外部风险，确定相应的风险承受度。

风险承受度是企业能够承担的风险限度，包括整体风险承受能力和业务层面的可接受风险水平。

第二十二条 企业识别内部风险，应当关注下列因素：

（一）董事、监事、经理及其他高级管理人员的职业操守、员工专业胜任能力等人力资源因素。

（二）组织机构、经营方式、资产管理、业务流程等管理因素。

（三）研究开发、技术投入、信息技术运用等自主创新因素。

（四）财务状况、经营成果、现金流量等财务因素。

（五）营运安全、员工健康、环境保护等安全环保因素。

（六）其他有关内部风险因素。

第二十三条 企业识别外部风险，应当关注下列因素：

（一）经济形势、产业政策、融资环境、市场竞争、资源供给等经济因素。

（二）法律法规、监管要求等法律因素。

（三）安全稳定、文化传统、社会信用、教育水平、消费者行为等社会因素。

（四）技术进步、工艺改进等科学技术因素。

（五）自然灾害、环境状况等自然环境因素。

（六）其他有关外部风险因素。

第二十四条 企业应当采用定性与定量相结合的方法，按照风险发生的可能性及其影响程度等，对识别的风险进行分析和排序，确定关注重点和优先控制的风险。

企业进行风险分析，应当充分吸收专业人员，组成风险分析团队，按照严格规范的程序开展工作，确保风险分析结果的准确性。

第二十五条 企业应当根据风险分析的结果，结合风险承受度，权衡风险与收益，确定风险应对策略。

企业应当合理分析、准确掌握董事、经理及其他高级管理人员、关键岗位员工的风险偏好，采取适当的控制措施，避免因个人风险偏好给企业经营带来重大损失。

第二十六条 企业应当综合运用风险规避、风险降低、风险分担和风险承受等风险应对策略，实现对风险的有效控制。

风险规避是企业对超出风险承受度的风险，通过放弃或者停止与该风险相关的业务活动以避免和减轻损失的策略。

风险降低是企业在权衡成本效益之后，准备采取适当的控制措施降低风险或者减轻损失，将风险控制在风险承受度之内的策略。

风险分担是企业准备借助他人力量，采取业务分包、购买保险等方式和适当的控制措施，将风险控制在风险承受度之内的策略。

风险承受是企业对风险承受度之内的风险，在权衡成本效益之后，不准备采取控制措施降低风险或者减轻损失的策略。

第二十七条 企业应当结合不同发展阶段和业务拓展情况，持续收集与风险变化相关的信息，进行风险识别和风险分析，及时调整风险应对策略。

第四章 控制活动

第二十八条 企业应当结合风险评估结果,通过手工控制与自动控制、预防性控制与发现性控制相结合的方法,运用相应的控制措施,将风险控制在可承受度之内。

控制措施一般包括:不相容职务分离控制、授权审批控制、会计系统控制、财产保护控制、预算控制、运营分析控制和绩效考评控制等。

第二十九条 不相容职务分离控制要求企业全面系统地分析、梳理业务流程中所涉及的不相容职务,实施相应的分离措施,形成各司其职、各负其责、相互制约的工作机制。

第三十条 授权审批控制要求企业根据常规授权和特别授权的规定,明确各岗位办理业务和事项的权限范围、审批程序和相应责任。

企业应当编制常规授权的权限指引,规范特别授权的范围、权限、程序和责任,严格控制特别授权。常规授权是指企业在日常经营管理活动中按照既定的职责和程序进行的授权。特别授权是指企业在特殊情况、特定条件下进行的授权。

企业各级管理人员应当在授权范围内行使职权和承担责任。

企业对于重大的业务和事项,应当实行集体决策审批或者联签制度,任何个人不得单独进行决策或者擅自改变集体决策。

第三十一条 会计系统控制要求企业严格执行国家统一的会计准则制度,加强会计基础工作,明确会计凭证、会计账簿和财务会计报告的处理程序,保证会计资料真实完整。

企业应当依法设置会计机构,配备会计从业人员。从事会计工作的人员,必须取得会计从业资格证书。会计机构负责人应当具备会计师以上专业技术职务资格。

大中型企业应当设置总会计师。设置总会计师的企业,不得设置与其职权重叠的副职。

第三十二条 财产保护控制要求企业建立财产日常管理制度和定期清查制度，采取财产记录、实物保管、定期盘点、账实核对等措施，确保财产安全。

企业应当严格限制未经授权的人员接触和处置财产。

第三十三条 预算控制要求企业实施全面预算管理制度，明确各责任单位在预算管理中的职责权限，规范预算的编制、审定、下达和执行程序，强化预算约束。

第三十四条 运营分析控制要求企业建立运营情况分析制度，经理层应当综合运用生产、购销、投资、筹资、财务等方面的信息，通过因素分析、对比分析、趋势分析等方法，定期开展运营情况分析，发现存在的问题，及时查明原因并加以改进。

第三十五条 绩效考评控制要求企业建立和实施绩效考评制度，科学设置考核指标体系，对企业内部各责任单位和全体员工的业绩进行定期考核和客观评价，将考评结果作为确定员工薪酬以及职务晋升、评优、降级、调岗、辞退等的依据。

第三十六条 企业应当根据内部控制目标，结合风险应对策略，综合运用控制措施，对各种业务和事项实施有效控制。

第三十七条 企业应当建立重大风险预警机制和突发事件应急处理机制，明确风险预警标准，对可能发生的重大风险或突发事件，制定应急预案、明确责任人员、规范处置程序，确保突发事件得到及时妥善处理。

第五章　信息与沟通

第三十八条　企业应当建立信息与沟通制度,明确内部控制相关信息的收集、处理和传递程序,确保信息及时沟通,促进内部控制有效运行。

第三十九条　企业应当对收集的各种内部信息和外部信息进行合理筛选、核对、整合,提高信息的有用性。

企业可以通过财务会计资料、经营管理资料、调研报告、专项信息、内部刊物、办公网络等渠道,获取内部信息。

企业可以通过行业协会组织、社会中介机构、业务往来单位、市场调查、来信来访、网络媒体以及有关监管部门等渠道,获取外部信息。

第四十条　企业应当将内部控制相关信息在企业内部各管理级次、责任单位、业务环节之间,以及企业与外部投资者、债权人、客户、供应商、中介机构和监管部门等有关方面之间进行沟通和反馈。信息沟通过程中发现的问题,应当及时报告并加以解决。

重要信息应当及时传递给董事会、监事会和经理层。

第四十一条　企业应当利用信息技术促进信息的集成与共享,充分发挥信息技术在信息与沟通中的作用。

企业应当加强对信息系统开发与维护、访问与变更、数据输入与输出、文件储存与保管、网络安全等方面的控制,保证信息系统安全稳定运行。

第四十二条　企业应当建立反舞弊机制,坚持惩防并举、重在预防的原则,明确反舞弊工作的重点领域、关键环节和有关机构在反舞弊工作中的职责权限,规范舞弊案件的举报、调查、处理、报告和补救程序。

企业至少应当将下列情形作为反舞弊工作的重点:

（一）未经授权或者采取其他不法方式侵占、挪用企业资产，牟取不当利益。

（二）在财务会计报告和信息披露等方面存在的虚假记载、误导性陈述或者重大遗漏等。

（三）董事、监事、经理及其他高级管理人员滥用职权。

（四）相关机构或人员串通舞弊。

第四十三条 企业应当建立举报投诉制度和举报人保护制度，设置举报专线，明确举报投诉处理程序、办理时限和办结要求，确保举报、投诉成为企业有效掌握信息的重要途径。

举报投诉制度和举报人保护制度应当及时传达至全体员工。

第六章　内部监督

第四十四条 企业应当根据本规范及其配套办法，制定内部控制监督制度，明确内部审计机构（或经授权的其他监督机构）和其他内部机构在内部监督中的职责权限，规范内部监督的程序、方法和要求。

内部监督分为日常监督和专项监督。日常监督是指企业对建立与实施内部控制的情况进行常规、持续的监督检查；专项监督是指在企业发展战略、组织结构、经营活动、业务流程、关键岗位员工等发生较大调整或变化的情况下，对内部控制的某一或者某些方面进行有针对性的监督检查。

专项监督的范围和频率应当根据风险评估结果以及日常监督的有效性等予以确定。

第四十五条 企业应当制定内部控制缺陷认定标准，对监督过程中发现的内部控制缺陷，应当分析缺陷的性质和产生的原因，提出整改方案，采取适当的形式及时向董事会、监事会或者经理层报告。

内部控制缺陷包括设计缺陷和运行缺陷。企业应当跟踪内部控制缺陷整改情况,并就内部监督中发现的重大缺陷,追究相关责任单位或者责任人的责任。

第四十六条 企业应当结合内部监督情况,**定期对内部控制的有效性进行自我评价**,出具内部控制自我评价报告。

内部控制自我评价的方式、范围、程序和频率,由企业根据经营业务调整、经营环境变化、业务发展状况、实际风险水平等自行确定。

国家有关法律法规另有规定的,从其规定。

第四十七条 企业应当以书面或者其他适当的形式,**妥善保存内部控制建立与实施过程中的相关记录或者资料**,确保内部控制建立与实施过程的可验证性。

第七章 附 则

第四十八条 本规范由财政部会同国务院其他有关部门解释。

第四十九条 本规范的配套办法由财政部会同国务院其他有关部门另行制定。

第五十条 本规范自 2009 年 7 月 1 日起实施。

附录五:《企业内部控制评价指引》

企业内部控制评价指引

第一章 总 则

第一条 为了促进企业全面评价内部控制的设计与运行情况,规范内部控制评价程序和评价报告,揭示和防范风险,根据有关法律法规和《企业内部控制基本规范》,制定本指引。

第二条 本指引所称内部控制评价,是指企业董事会或类似权力机构对内部控制的有效性进行全面评价、形成评价结论、出具评价报告的过程。

第三条　企业实施内部控制评价至少应当遵循下列原则：

（一）全面性原则。评价工作应当包括内部控制的设计与运行，涵盖企业及其所属单位的各种业务和事项。

（二）重要性原则。评价工作应当在全面评价的基础上，关注重要业务单位、重大业务事项和高风险领域。

（三）客观性原则。评价工作应当准确地揭示经营管理的风险状况，如实反映内部控制设计与运行的有效性。

第四条　企业应当根据本评价指引，结合内部控制设计与运行的实际情况，制定具体的内部控制评价办法，规定评价的原则、内容、程序、方法和报告形式等，明确相关机构或岗位的职责权限，落实责任制，按照规定的办法、程序和要求，有序开展内部控制评价工作。

企业董事会应当对内部控制评价报告的真实性负责。

第二章　内部控制评价的内容

第五条　企业应当根据《企业内部控制基本规范》、应用指引以及本企业的内部控制制度，围绕内部环境、风险评估、控制活动、信息与沟通、内部监督等要素，确定内部控制评价的具体内容，对内部控制设计与运行情况进行全面评价。

第六条　企业组织开展内部环境评价，应当以组织架构、发展战略、人力资源、企业文化、社会责任等应用指引为依据，结合本企业的内部控制制度，对内部环境的设计及实际运行情况进行认定和评价。

第七条　企业组织开展风险评估机制评价，应当以《企业内部控制基本规范》有关风险评估的要求，以及各项应用指引中所列主要风险为依据，结合本企业的内部控制制度，对日常经营管理过程中的风险识别、风险分析、应对策略等进行认定和评价。

第八条　企业组织开展控制活动评价，应当以《企业内部控制基本规范》和各项应用指引中的控制措施为依据，结合本企业的内部控制制度，对相关控制措施的设计和运行情况进行认定和评价。

第九条　企业组织开展信息与沟通评价，应当以内部信息传递、财务报告、信息系统等相关应用指引为依据，结合本企业的内部控制制度，对信息收集、处理和传递的及时性、反舞弊机制的健全性、财务报告的真实性、信息系统的安全性，以及利用信息系统实施内部控制的有效性等进行认定和评价。

第十条　企业组织开展内部监督评价，应当以《企业内部控制基本规范》有关内部监督的要求，以及各项应用指引中有关日常管控的规定为依据，结合本企业的内部控制制度，对内部监督机制的有效性进行认定和评价，重点关注监事会、审计委员会、内部审计机构等是否在内部控制设计和运行中有效发挥监督作用。

第十一条　内部控制评价工作应当形成工作底稿，详细记录企业执行评价工作的内容，包括评价要素、主要风险点、采取的控制措施、有关证据资料以及认定结果等。

评价工作底稿应当设计合理、证据充分、简便易行、便于操作。

第三章　内部控制评价的程序

第十二条　企业应当按照内部控制评价办法规定的程序，有序开展内部控制评价工作。

内部控制评价程序一般包括：制定评价工作方案、组成评价工作组、实施现场测试、认定控制缺陷、汇总评价结果、编报评价报告等环节。

企业可以授权内部审计部门或专门机构（以下简称内部控制评价部门）负责内部控制评价的具体组织实施工作。

第十三条 企业内部控制评价部门应当**拟订评价工作方案**，明确评价范围、工作任务、人员组织、进度安排和费用预算等相关内容，报经董事会或其授权机构审批后实施。

第十四条 企业内部控制评价部门应当**根据经批准的评价方案，组成内部控制评价工作组，具体实施内部控制评价工作**。评价工作组应当吸收企业内部相关机构熟悉情况的业务骨干参加。评价工作组成员对本部门的内部控制评价工作应当实行回避制度。

企业可以委托中介机构实施内部控制评价。为企业提供内部控制审计服务的会计师事务所，不得同时为同一企业提供内部控制评价服务。

第十五条 内部控制评价工作组应当**对被评价单位进行现场测试**，综合运用个别访谈、调查问卷、专题讨论、穿行测试、实地查验、抽样和比较分析等方法，充分收集被评价单位内部控制设计和运行是否有效的证据，按照评价的具体内容，如实填写评价工作底稿，研究分析内部控制缺陷。

第四章 内部控制缺陷的认定

第十六条 内部控制缺陷包括设计缺陷和运行缺陷。企业对内部控制缺陷的认定，应当以日常监督和专项监督为基础，结合年度内部控制评价，**由内部控制评价部门进行综合分析后提出认定意见**，按照规定的权限和程序进行审核后予以最终认定。

第十七条 企业在日常监督、专项监督和年度评价工作中，应当充分发挥内部控制评价工作组的作用。内部控制评价工作组应当根据现场测试获取的证据，对内部控制缺陷进行初步认定，并按其影响程度分为重大缺陷、重要缺陷和一般缺陷。

重大缺陷，是指一个或多个控制缺陷的组合，可能导致企业严重偏离控制目标。

重要缺陷，是指一个或多个控制缺陷的组合，其严重程度和经济后果低于重大缺陷，但仍有可能导致企业偏离控制目标。

一般缺陷，是指除重大缺陷、重要缺陷之外的其他缺陷。

重大缺陷、重要缺陷和一般缺陷的具体认定标准，由企业根据上述要求自行确定。

第十八条　企业内部控制评价工作组应当建立评价质量交叉复核制度，评价工作组负责人应当对评价工作底稿进行严格审核，并对所认定的评价结果签字确认后，提交企业内部控制评价部门。

第十九条　企业内部控制评价部门应当编制内部控制缺陷认定汇总表，结合日常监督和专项监督发现的内部控制缺陷及其持续改进情况，对内部控制缺陷及其成因、表现形式和影响程度进行综合分析和全面复核，提出认定意见，并以适当的形式向董事会、监事会或者经理层报告。重大缺陷应当由董事会予以最终认定。

企业对于认定的重大缺陷，应当及时采取应对策略，切实将风险控制在可承受度之内，并追究有关部门或相关人员的责任。

第五章　内部控制评价报告

第二十条　企业应当根据《企业内部控制基本规范》、应用指引和本指引，设计内部控制评价报告的种类、格式和内容，明确内部控制评价报告编制程序和要求，按照规定的权限报经批准后对外报出。

第二十一条　内部控制评价报告应当分别内部环境、风险评估、控制活动、信息与沟通、内部监督等要素进行设计，对内部控制评价过程、内部控制缺陷认定及整改情况、内部控制有效性的结论等相关内容作出披露。

第二十二条　内部控制评价报告至少应当披露下列内容：

（一）董事会对内部控制报告真实性的声明。

（二）内部控制评价工作的总体情况。

（三）内部控制评价的依据。

（四）内部控制评价的范围。

（五）内部控制评价的程序和方法。

（六）内部控制缺陷及其认定情况。

（七）内部控制缺陷的整改情况及重大缺陷拟采取的整改措施。

（八）内部控制有效性的结论。

第二十三条　企业应当根据年度内部控制评价结果，结合内部控制评价工作底稿和内部控制缺陷汇总表等资料，按照规定的程序和要求，及时编制内部控制评价报告。

第二十四条　内部控制评价报告应当报经董事会或类似权力机构批准后对外披露或报送相关部门。

企业内部控制评价部门应当关注自内部控制评价报告基准日至内部控制评价报告发出日之间是否发生影响内部控制有效性的因素，并根据其性质和影响程度对评价结论进行相应调整。

第二十五条　企业内部控制审计报告应当与内部控制评价报告同时对外披露或报送。

第二十六条　企业应当以 12 月 31 日作为年度内部控制评价报告的基准日。

内部控制评价报告应于基准日后 4 个月内报出。

第二十七条 企业应当建立内部控制评价工作档案管理制度。内部控制评价的有关文件资料、工作底稿和证明材料等应当妥善保管。

附录六：《企业内部控制应用指引》

企业内部控制应用指引
企业内部控制应用指引第1号——组织架构

第一章 总 则

第一条 为了促进企业实现发展战略，优化治理结构、管理体制和运行机制，建立现代企业制度，根据《中华人民共和国公司法》等有关法律法规和《企业内部控制基本规范》，制定本指引。

第二条 本指引所称组织架构，是指企业按照国家有关法律法规、股东（大）会决议和企业章程，结合本企业实际，明确股东（大）会、董事会、监事会、经理层和企业内部各层级机构设置、职责权限、人员编制、工作程序和相关要求的制度安排。

第三条 企业至少应当关注组织架构设计与运行中的下列风险：

（一）治理结构形同虚设，缺乏科学决策、良性运行机制和执行力，可能导致企业经营失败，难以实现发展战略。

（二）内部机构设计不科学，权责分配不合理，可能导致机构重叠、职能交叉或缺失、推诿扯皮，运行效率低下。

第二章 组织架构的设计

第四条 企业应当根据国家有关法律法规的规定，**明确董事会、监事会和经理层的职责权限、任职条件、议事规则和工作程序**，确保决策、执行和监督相互分离，形成制衡。

董事会对股东（大）会负责，依法行使企业的经营决策权。可按照股东（大）会的有关决议，设立战略、审计、提名、薪酬与考核等专门委员会，明确各专门委员会的职责权限、任职资格、议事规则和工作程序，为董事会科学决策提供支持。

监事会对股东（大）会负责，监督企业董事、经理和其他高级管理人员依法履行职责。

经理层对董事会负责，主持企业的生产经营管理工作。经理和其他高级管理人员的职责分工应当明确。

董事会、监事会和经理层的产生程序应当合法合规，其人员构成、知识结构、能力素质应当满足履行职责的要求。

第五条　企业的重大决策、重大事项、重要人事任免及大额资金支付业务等，应当**按照规定的权限和程序实行集体决策审批或者联签制度**。任何个人不得单独进行决策或者擅自改变集体决策意见。

重大决策、重大事项、重要人事任免及大额资金支付业务的具体标准由企业自行确定。

第六条　企业应当按照科学、精简、高效、透明、制衡的原则，综合考虑企业性质、发展战略、文化理念和管理要求等因素，**合理设置内部职能机构**，明确各机构的职责权限，避免职能交叉、缺失或权责过于集中，形成各司其职、各负其责、相互制约、相互协调的工作机制。

第七条　企业应当**对各机构的职能进行科学合理的分解**，确定具体岗位的名称、职责和工作要求等，明确各个岗位的权限和相互关系。

企业在确定职权和岗位分工过程中，应当体现不相容职务相互分离的要求。不相容职务通常包括：**可行性研究与决策审批；决策审批与执行；执行与监督检查等。**

第八条　企业应当**制定组织结构图、业务流程图、岗（职）位说明书和权限指引等内部管理制度或相关文件**，使员工了解和掌握组织架构设计及权责分配情况，正确履行职责。

第三章 组织架构的运行

第九条 企业应当根据组织架构的设计规范，对现有治理结构和内部机构设置进行全面梳理，确保本企业治理结构、内部机构设置和运行机制等符合现代企业制度要求。

企业梳理治理结构，应当重点关注董事、监事、经理及其他高级管理人员的任职资格和履职情况，以及董事会、监事会和经理层的运行效果。治理结构存在问题的，应当采取有效措施加以改进。

企业梳理内部机构设置，应当重点关注内部机构设置的合理性和运行的高效性等。内部机构设置和运行中存在职能交叉、缺失或运行效率低下的，应当及时解决。

第十条 企业拥有子公司的，应当建立科学的投资管控制度，通过合法有效的形式履行出资人职责、维护出资人权益，重点关注子公司特别是异地、境外子公司的发展战略、年度财务预决算、重大投融资、重大担保、大额资金使用、主要资产处置、重要人事任免、内部控制体系建设等重要事项。

第十一条 企业应当定期对组织架构设计与运行的效率和效果进行全面评估，发现组织架构设计与运行中存在缺陷的，应当进行优化调整。

企业组织架构调整应当充分听取董事、监事、高级管理人员和其他员工的意见，按照规定的权限和程序进行决策审批。

企业内部控制应用指引第 2 号——发展战略

第一章 总 则

第一条 为了促进企业增强核心竞争力和可持续发展能力，根据有关法律法规和《企业内部控制基本规范》，制定本指引。

第二条 本指引所称发展战略,是指企业在对现实状况和未来趋势进行综合分析和科学预测的基础上,制定并实施的长远发展目标与战略规划。

第三条 企业制定与实施发展战略至少应当关注下列风险:

(一)缺乏明确的发展战略或发展战略实施不到位,可能导致企业盲目发展,难以形成竞争优势,丧失发展机遇和动力。

(二)发展战略过于激进,脱离企业实际能力或偏离主业,可能导致企业过度扩张,甚至经营失败。

(三)发展战略因主观原因频繁变动,可能导致资源浪费,甚至危及企业的生存和持续发展。

第二章 发展战略的制定

第四条 企业应当在充分调查研究、科学分析预测和广泛征求意见的基础上制定发展目标。

企业在制定发展目标过程中,应当综合考虑宏观经济政策、国内外市场需求变化、技术发展趋势、行业及竞争对手状况、可利用资源水平和自身优势与劣势等影响因素。

第五条 企业应当根据发展目标制定战略规划。战略规划应当明确发展的阶段性和发展程度,确定每个发展阶段的具体目标、工作任务和实施路径。

第六条 企业应当在董事会下设立战略委员会,或指定相关机构负责发展战略管理工作,履行相应职责。

企业应当明确战略委员会的职责和议事规则,对战略委员会会议的召开程序、表决方式、提案审议、保密要求和会议记录等作出规定,确保议事过程规范透明、决策程序科学民主。

战略委员会应当组织有关部门对发展目标和战略规划进行可行性研究和科学论证，形成发展战略建议方案；必要时，可借助中介机构和外部专家的力量为其履行职责提供专业咨询意见。

战略委员会成员应当具有较强的综合素质和实践经验，其任职资格和选任程序应当符合有关法律法规和企业章程的规定。

第七条 董事会应当严格审议战略委员会提交的发展战略方案，重点关注其全局性、长期性和可行性。董事会在审议方案中如果发现重大问题，应当责成战略委员会对方案作出调整。

企业的发展战略方案经董事会审议通过后，报经股东（大）会批准实施。

第三章 发展战略的实施

第八条 企业应当根据发展战略，制定年度工作计划，编制全面预算，将年度目标分解、落实；同时完善发展战略管理制度，确保发展战略有效实施。

第九条 企业应当重视发展战略的宣传工作，通过内部各层级会议和教育培训等有效方式，将发展战略及其分解落实情况传递到内部各管理层级和全体员工。

第十条 战略委员会应当加强对发展战略实施情况的监控，定期收集和分析相关信息，对于明显偏离发展战略的情况，应当及时报告。

第十一条 由于经济形势、产业政策、技术进步、行业状况以及不可抗力等因素发生重大变化，确需对发展战略作出调整的，应当按照规定权限和程序调整发展战略。

企业内部控制应用指引第3号——人力资源

第一章 总 则

第一条 为了促进企业加强人力资源建设，充分发挥人力资源对实现企业发展战略的重要作用，根据有关法律法规和《企业内部控制基本规范》，制定本指引。

第二条 本指引所称人力资源，是指企业组织生产经营活动而录（任）用的各种人员，包括董事、监事、高级管理人员和全体员工。

第三条 企业人力资源管理至少应当关注下列风险：

（一）人力资源缺乏或过剩、结构不合理、开发机制不健全，可能导致企业发展战略难以实现。

（二）人力资源激励约束制度不合理、关键岗位人员管理不完善，可能导致人才流失、经营效率低下或关键技术、商业秘密和国家机密泄露。

（三）人力资源退出机制不当，可能导致法律诉讼或企业声誉受损。

第四条 企业应当重视人力资源建设，根据发展战略，结合人力资源现状和未来需求预测，建立人力资源发展目标，制定人力资源总体规划和能力框架体系，优化人力资源整体布局，明确人力资源的引进、开发、使用、培养、考核、激励、退出等管理要求，实现人力资源的合理配置，全面提升企业核心竞争力。

第二章 人力资源的引进与开发

第五条 企业应当根据人力资源总体规划，结合生产经营实际需要，制定年度人力资源需求计划，完善人力资源引进制度，规范工作流程，按照计划、制度和程序组织人力资源引进工作。

第六条 企业应当根据人力资源能力框架要求，明确各岗位的职责权限、任职条件和工作要求，遵循德才兼备、以德为先和公开、公平、公正的原则，通过公开招聘、竞争上岗等多种方式选聘优秀人才，重点关注选聘对象的价值取向和责任意识。

企业选拔高级管理人员和聘用中层及以下员工，应当切实做到因事设岗、以岗选人，避免因人设事或设岗，确保选聘人员能够胜任岗位职责要求。企业选聘人员应当实行岗位回避制度。

第七条　企业确定选聘人员后，应当依法签订劳动合同，建立劳动用工关系。

企业对于在产品技术、市场、管理等方面掌握或涉及关键技术、知识产权、商业秘密或国家机密的工作岗位，应当与该岗位员工签订有关岗位保密协议，明确保密义务。

第八条　企业应当建立选聘人员试用期和岗前培训制度，对试用人员进行严格考察，促进选聘员工全面了解岗位职责，掌握岗位基本技能，适应工作要求。试用期满考核合格后，方可正式上岗；试用期满考核不合格者，应当及时解除劳动关系。

第九条　企业应当重视人力资源开发工作，建立员工培训长效机制，营造尊重知识、尊重人才和关心员工职业发展的文化氛围，加强后备人才队伍建设，促进全体员工的知识、技能持续更新，不断提升员工的服务效能。

第三章　人力资源的使用与退出

第十条　企业应当建立和完善人力资源的激励约束机制，设置科学的业绩考核指标体系，对各级管理人员和全体员工进行严格考核与评价，以此作为确定员工薪酬、职级调整和解除劳动合同等的重要依据，确保员工队伍处于持续优化状态。

第十一条 企业应当制定与业绩考核挂钩的薪酬制度，切实做到薪酬安排与员工贡献相协调，体现效率优先，兼顾公平。

第十二条 企业应当制定各级管理人员和关键岗位员工定期轮岗制度，明确轮岗范围、轮岗周期、轮岗方式等，形成相关岗位员工的有序持续流动，全面提升员工素质。

第十三条 企业应当按照有关法律法规规定，结合企业实际，建立健全员工退出（辞职、解除劳动合同、退休等）机制，明确退出的条件和程序，确保员工退出机制得到有效实施。

企业对考核不能胜任岗位要求的员工，应当及时暂停其工作，安排再培训，或调整工作岗位，安排转岗培训；仍不能满足岗位职责要求的，应当按照规定的权限和程序解除劳动合同。

企业应当与退出员工依法约定保守关键技术、商业秘密、国家机密和竞业限制的期限，确保知识产权、商业秘密和国家机密的安全。

企业关键岗位人员离职前，应当根据有关法律法规的规定进行工作交接或离任审计。

第十四条 企业应当定期对年度人力资源计划执行情况进行评估，总结人力资源管理经验，分析存在的主要缺陷和不足，完善人力资源政策，促进企业整体团队充满生机和活力。

企业内部控制应用指引第4号——社会责任

第一章 总　　则

第一条 为了促进企业履行社会责任，实现企业与社会的协调发展，根据国家有关法律法规和《企业内部控制基本规范》，制定本指引。

第二条 本指引所称社会责任，是指企业在经营发展过程中应当履行的社会职责和义务，主要包括安全生产、产品质量（含服务，下同）、环境保护、资源节约、促进就业、员工权益保护等。

第三条 企业至少应当关注在履行社会责任方面的下列风险：

（一）安全生产措施不到位，责任不落实，可能导致企业发生安全事故。

（二）产品质量低劣，侵害消费者利益，可能导致企业巨额赔偿、形象受损，甚至破产。

（三）环境保护投入不足，资源耗费大，造成环境污染或资源枯竭，可能导致企业巨额赔偿、缺乏发展后劲，甚至停业。

（四）促进就业和员工权益保护不够，可能导致员工积极性受挫，影响企业发展和社会稳定。

第四条 企业应当重视履行社会责任，切实做到经济效益与社会效益、短期利益与长远利益、自身发展与社会发展相互协调，实现企业与员工、企业与社会、企业与环境的健康和谐发展。

第二章 安全生产

第五条 企业应当根据国家有关安全生产的规定，结合本企业实际情况，建立严格的安全生产管理体系、操作规范和应急预案，强化安全生产责任追究制度，切实做到安全生产。

企业应当设立安全管理部门和安全监督机构，负责企业安全生产的日常监督管理工作。

第六条 企业应当重视安全生产投入，在人力、物力、资金、技术等方面提供必要的保障，健全检查监督机制，确保各项安全措施落实到位，不得随意降低保障标准和要求。

第七条 企业应当贯彻预防为主的原则，采用多种形式增强员工安全意识，重视岗位培训，对于特殊岗位实行资格认证制度。

企业应当加强生产设备的经常性维护管理，及时排除安全隐患。

第八条 企业如果发生生产安全事故，应当按照安全生产管理制度妥善处理，排除故障，减轻损失，追究责任。

重大生产安全事故应当启动应急预案，同时按照国家有关规定及时报告，严禁迟报、谎报和瞒报。

第三章 产品质量

第九条 企业应当根据国家和行业相关产品质量的要求，从事生产经营活动，切实提高产品质量和服务水平，努力为社会提供优质安全健康的产品和服务，最大限度地满足消费者的需求，对社会和公众负责，接受社会监督，承担社会责任。

第十条 企业应当规范生产流程，建立严格的产品质量控制和检验制度，严把质量关，禁止缺乏质量保障、危害人民生命健康的产品流向社会。

第十一条 企业应当加强产品的售后服务。售后发现存在严重质量缺陷、隐患的产品，应当及时召回或采取其他有效措施，最大限度地降低或消除缺陷、隐患产品的社会危害。

企业应当妥善处理消费者提出的投诉和建议，切实保护消费者权益。

第四章 环境保护与资源节约

第十二条 企业应当按照国家有关环境保护与资源节约的规定，结合本企业实际情况，建立环境保护与资源节约制度，认真落实节能减排责任，积极开发和使用节能产品，发展循环经济，降低污染物排放，提高资源综合利用效率。

企业应当通过宣传教育等有效形式，不断提高员工的环境保护和资源节约意识。

第十三条 企业应当重视生态保护,加大对环保工作的人力、物力、财力的投入和技术支持,不断改进工艺流程,降低能耗和污染物排放水平,实现清洁生产。

企业应当加强对废气、废水、废渣的综合治理,建立废料回收和循环利用制度。

第十四条 企业应当重视资源节约和资源保护,着力开发利用可再生资源,防止对不可再生资源进行掠夺性或毁灭性开发。

企业应当重视国家产业结构相关政策,特别关注产业结构调整的发展要求,加快高新技术开发和传统产业改造,切实转变发展方式,实现低投入、低消耗、低排放和高效率。

第十五条 企业应当建立环境保护和资源节约的监控制度,定期开展监督检查,发现问题,及时采取措施予以纠正。污染物排放超过国家有关规定的,企业应当承担治理或相关法律责任。发生紧急、重大环境污染事件时,应当启动应急机制,及时报告和处理,并依法追究相关责任人的责任。

第五章 促进就业与员工权益保护

第十六条 企业应当依法保护员工的合法权益,贯彻人力资源政策,保护员工依法享有劳动权利和履行劳动义务,保持工作岗位相对稳定,积极促进充分就业,切实履行社会责任。

企业应当避免在正常经营情况下批量辞退员工,增加社会负担。

第十七条 企业应当与员工签订并履行劳动合同,遵循按劳分配、同工同酬的原则,建立科学的员工薪酬制度和激励机制,不得克扣或无故拖欠员工薪酬。

企业应当建立高级管理人员与员工薪酬的正常增长机制,切实保持合理水平，维护社会公平。

第十八条 企业应当及时办理员工社会保险，足额缴纳社会保险费，保障员工依法享受社会保险待遇。

企业应当按照有关规定做好健康管理工作，预防、控制和消除职业危害；按期对员工进行非职业性健康监护，对从事有职业危害作业的员工进行职业性健康监护。

企业应当遵守法定的劳动时间和休息休假制度，确保员工的休息休假权利。

第十九条 企业应当加强职工代表大会和工会组织建设，维护员工合法权益，积极开展员工职业教育培训，创造平等发展机会。

企业应当尊重员工人格，维护员工尊严，杜绝性别、民族、宗教、年龄等各种歧视，保障员工身心健康。

第二十条 企业应当按照产学研用相结合的社会需求，积极创建实习基地，大力支持社会有关方面培养、锻炼社会需要的应用型人才。

第二十一条 企业应当积极履行社会公益方面的责任和义务，关心帮助社会弱势群体，支持慈善事业。

企业内部控制应用指引第 5 号——企业文化

第一章 总 则

第一条 为了加强企业文化建设，发挥企业文化在企业发展中的重要作用，根据《企业内部控制基本规范》，制定本指引。

第二条 本指引所称企业文化，是指企业在生产经营实践中逐步形成的、为整体团队所认同并遵守的价值观、经营理念和企业精神，以及在此基础上形成的行为规范的总称。

第三条 加强企业文化建设至少应当关注下列风险：

（一）缺乏积极向上的企业文化，可能导致员工丧失对企业的信心和认同感，企业缺乏凝聚力和竞争力。

（二）缺乏开拓创新、团队协作和风险意识，可能导致企业发展目标难以实现，影响可持续发展。

（三）缺乏诚实守信的经营理念，可能导致舞弊事件的发生，造成企业损失，影响企业信誉。

（四）忽视企业间的文化差异和理念冲突，可能导致并购重组失败。

第二章 企业文化的建设

第四条 企业应当采取切实有效的措施，积极培育具有自身特色的企业文化，引导和规范员工行为，打造以主业为核心的企业品牌，形成整体团队的向心力，促进企业长远发展。

第五条 企业应当培育体现企业特色的发展愿景、积极向上的价值观、诚实守信的经营理念、履行社会责任和开拓创新的企业精神，以及团队协作和风险防范意识。

企业应当重视并购重组后的企业文化建设，平等对待被并购方的员工，促进并购双方的文化融合。

第六条 企业应当根据发展战略和实际情况，总结优良传统，挖掘文化底蕴，提炼核心价值，确定文化建设的目标和内容，形成企业文化规范，使其构成员工行为守则的重要组成部分。

第七条 董事、监事、经理和其他高级管理人员应当在企业文化建设中发挥主导和垂范作用，以自身的优秀品格和脚踏实地的工作作风，带动影响整个团队，共同营造积极向上的企业文化环境。

企业应当促进文化建设在内部各层级的有效沟通，加强企业文化的宣传贯彻，确保全体员工共同遵守。

第八条 企业文化建设应当融入生产经营全过程，切实做到文化建设与发展战略的有机结合，增强员工的责任感和使命感，规范员工行为方式，使员工自身价值在企业发展中得到充分体现。

企业应当加强对员工的文化教育和熏陶，全面提升员工的文化修养和内在素质。

第三章 企业文化的评估

第九条 企业应当建立企业文化评估制度，明确评估的内容、程序和方法，落实评估责任制，避免企业文化建设流于形式。

第十条 企业文化评估，应当重点关注董事、监事、经理和其他高级管理人员在企业文化建设中的责任履行情况、全体员工对企业核心价值观的认同感、企业经营管理行为与企业文化的一致性、企业品牌的社会影响力、参与企业并购重组各方文化的融合度，以及员工对企业未来发展的信心。

第十一条 企业应当重视企业文化的评估结果，巩固和发扬文化建设成果，针对评估过程中发现的问题，研究影响企业文化建设的不利因素，分析深层次的原因，及时采取措施加以改进。

企业内部控制应用指引第6号——资金活动

第一章 总　　则

第一条 为了促进企业正常组织资金活动，防范和控制资金风险，保证资金安全，提高资金使用效益，根据有关法律法规和《企业内部控制基本规范》，制定本指引。

第二条 本指引所称资金活动，是指企业筹资、投资和资金营运等活动的总称。

第三条 企业资金活动至少应当关注下列风险：

（一）筹资决策不当，引发资本结构不合理或无效融资，可能导致企业筹资成本过高或债务危机。

（二）投资决策失误，引发盲目扩张或丧失发展机遇，可能导致资金链断裂或资金使用效益低下。

（三）资金调度不合理、营运不畅，可能导致企业陷入财务困境或资金冗余。

（四）资金活动管控不严，可能导致资金被挪用、侵占、抽逃或遭受欺诈。

第四条 企业应当根据自身发展战略，**科学确定投融资目标和规划，完善严格的资金授权、批准、审验等相关管理制度**，加强资金活动的集中归口管理，明确筹资、投资、营运等各环节的职责权限和岗位分离要求，定期或不定期检查和评价资金活动情况，落实责任追究制度，确保资金安全和有效运行。

企业财会部门负责资金活动的日常管理，参与投融资方案等可行性研究。总会计师或分管会计工作的负责人应当参与投融资决策过程。

企业有子公司的，应当采取合法有效措施，**强化对子公司资金业务的统一监控**。有条件的企业集团，应当探索财务公司、资金结算中心等资金集中管控模式。

第二章　筹　　资

第五条 企业应当根据筹资目标和规划，结合年度全面预算，拟订筹资方案，明确筹资用途、规模、结构和方式等相关内容，对筹资成本和潜在风险作出充分估计。

境外筹资还应考虑所在地的政治、经济、法律、市场等因素。

第六条 企业应当对筹资方案进行科学论证，不得依据未经论证的方案开展筹资活动。**重大筹资方案应当形成可行性研究报告**，全面反映风险评估情况。

企业可以根据实际需要，聘请具有相应资质的专业机构进行可行性研究。

第七条 企业应当**对筹资方案进行严格审批**，重点关注筹资用途的可行性和相应的偿债能力。重大筹资方案，应当按照规定的权限和程序实行集体决策或者联签制度。

筹资方案需经有关部门批准的，应当履行相应的报批程序。筹资方案发生重大变更的，应当重新进行可行性研究并履行相应审批程序。

第八条 企业应当根据批准的筹资方案，严格按照规定权限和程序筹集资金。银行借款或发行债券，应当重点关注利率风险、筹资成本、偿还能力以及流动性风险等；发行股票应当重点关注发行风险、市场风险、政策风险以及公司控制权风险等。

企业通过银行借款方式筹资的，应当与有关金融机构进行洽谈，明确借款规模、利率、期限、担保、还款安排、相关的权利义务和违约责任等内容。双方达成一致意见后**签署借款合同**，据此办理相关借款业务。

企业通过发行债券方式筹资的，应当合理选择债券种类，对还本付息方案作出系统安排，确保按期、足额偿还到期本金和利息。

企业通过发行股票方式筹资的，应当依照《中华人民共和国证券法》等有关法律法规和证券监管部门的规定，优化企业组织架构，进行业务整合，并选择具备相应资质的中介机构协助企业做好相关工作，确保符合股票发行条件和要求。

第九条 企业应当**严格按照筹资方案确定的用途使用资金**。筹资用于投资的，应当分别按照本指引第三章和《企业内部控制应用指引第 11 号——工程项目》规定，防范和控制资金使用的风险。

由于市场环境变化等确需改变资金用途的，应当履行相应的审批程序。严禁擅自改变资金用途。

第十条 企业应当加强债务偿还和股利支付环节的管理，对偿还本息和支付股利等作出适当安排。

企业应当按照筹资方案或合同约定的本金、利率、期限、汇率及币种，准确计算应付利息，与债权人核对无误后按期支付。

企业应当选择合理的股利分配政策，兼顾投资者近期和长远利益，避免分配过度或不足。股利分配方案应当经过股东（大）会批准，并按规定履行披露义务。

第十一条 企业应当加强筹资业务的会计系统控制，建立筹资业务的记录、凭证和账簿，按照国家统一会计准则制度，正确核算和监督资金筹集、本息偿还、股利支付等相关业务，妥善保管筹资合同或协议、收款凭证、入库凭证等资料，定期与资金提供方进行账务核对，确保筹资活动符合筹资方案的要求。

第三章 投 资

第十二条 企业应当根据投资目标和规划，合理安排资金投放结构，科学确定投资项目，拟订投资方案，重点关注投资项目的收益和风险。企业选择投资项目应当突出主业，谨慎从事股票投资或衍生金融产品等高风险投资。

境外投资还应考虑政治、经济、法律、市场等因素的影响。

企业采用并购方式进行投资的，应当严格控制并购风险，重点关注并购对象的隐性债务、承诺事项、可持续发展能力、员工状况及其与本企业治理层及管理层的关联关系，合理确定支付对价，确保实现并购目标。

第十三条 企业应当加强对投资方案的可行性研究，重点对投资目标、规模、方式、资金来源、风险与收益等作出客观评价。

企业根据实际需要，可以委托具备相应资质的专业机构进行可行性研究，提供独立的可行性研究报告。

第十四条 企业应当按照规定的权限和程序对投资项目进行决策审批，重点审查投资方案是否可行、投资项目是否符合国家产业政策及相关法律法规的规定，是否符合企业投资战略目标和规划、是否具有相应的资金能力、投入资金能否按时收回、预期收益能否实现，以及投资和并购风险是否可控等。重大投资项目，应当按照规定的权限和程序实行集体决策或者联签制度。

投资方案需经有关管理部门批准的，应当履行相应的报批程序。投资方案发生重大变更的，应当重新进行可行性研究并履行相应审批程序。

第十五条 企业应当根据批准的投资方案，与被投资方签订投资合同或协议，明确出资时间、金额、方式、双方权利义务和违约责任等内容，按规定的权限和程序审批后履行投资合同或协议。

企业应当指定专门机构或人员对投资项目进行跟踪管理，及时收集被投资方经审计的财务报告等相关资料，定期组织投资效益分析，关注被投资方的财务状况、经营成果、现金流量以及投资合同履行情况，发现异常情况，应当及时报告并妥善处理。

第十六条 企业应当加强对投资项目的会计系统控制，根据对被投资方的影响程度，合理确定投资会计政策，建立投资管理台账，详细记录投资对象、金额、持股比例、期限、收益等事项，妥善保管投资合同或协议、出资证明等资料。

企业财会部门对于被投资方出现财务状况恶化、市价当期大幅下跌等情形的，应当根据国家统一的会计准则制度规定，合理计提减值准备、确认减值损失。

第十七条　企业应当加强投资收回和处置环节的控制，对投资收回、转让、核销等决策和审批程序作出明确规定。

企业应当重视投资到期本金的回收。转让投资应当由相关机构或人员合理确定转让价格，报授权批准部门批准，必要时可委托具有相应资质的专门机构进行评估。核销投资应当取得不能收回投资的法律文书和相关证明文件。

企业对于到期无法收回的投资，应当建立责任追究制度。

第四章　营　运

第十八条　企业应当加强资金营运全过程的管理，统筹协调内部各机构在生产经营过程中的资金需求，切实做好资金在采购、生产、销售等各环节的综合平衡，全面提升资金营运效率。

第十九条　企业应当充分发挥全面预算管理在资金综合平衡中的作用，严格按照预算要求组织协调资金调度，确保资金及时收付，实现资金的合理占用和营运良性循环。

企业应当严禁资金的体外循环，切实防范资金营运中的风险。

第二十条　企业应当定期组织召开资金调度会或资金安全检查，对资金预算执行情况进行综合分析，发现异常情况，及时采取措施妥善处理，避免资金冗余或资金链断裂。

企业在营运过程中出现临时性资金短缺的，可以通过短期融资等方式获取资金。资金出现短期闲置的，在保证安全性和流动性的前提下，可以通过购买国债等多种方式，提高资金效益。

第二十一条 企业应当**加强对营运资金的会计系统控制**，严格规范资金的收支条件、程序和审批权限。

企业在生产经营及其他业务活动中取得的资金收入应当及时入账，不得账外设账，严禁收款不入账、设立"小金库"。

企业办理资金支付业务，应当明确支出款项的用途、金额、预算、限额、支付方式等内容，并附原始单据或相关证明，履行严格的授权审批程序后，方可安排资金支出。

企业办理资金收付业务，应当遵守现金和银行存款管理的有关规定，<u>不得由一人办理货币资金全过程业务</u>，严禁将办理资金支付业务的相关印章和票据集中一人保管。

企业内部控制应用指引第 7 号——采购业务

第一章 总 则

第一条 为了促进企业合理采购，满足生产经营需要，规范采购行为，防范采购风险，根据有关法律法规和《企业内部控制基本规范》，制定本指引。

第二条 本指引所称采购，是指购买物资（或接受劳务）及支付款项等相关活动。

第三条 企业采购业务至少应当关注下列风险：

（一）采购计划安排不合理，市场变化趋势预测不准确，造成库存短缺或积压，可能导致企业生产停滞或资源浪费。

（二）供应商选择不当，采购方式不合理，招投标或定价机制不科学，授权审批不规范，可能导致采购物资质次价高，出现舞弊或遭受欺诈。

（三）采购验收不规范，付款审核不严，可能导致采购物资、资金损失或信用受损。

第四条 企业应当结合实际情况，全面梳理采购业务流程，完善采购业务相关管理制度，统筹安排采购计划，明确请购、审批、购买、验收、付款、采购后评估等环节的职责和审批权限，按照规定的审批权限和程序办理采购业务，建立价格监督机制，定期检查和评价采购过程中的薄弱环节，采取有效控制措施，确保物资采购满足企业生产经营需要。

第二章　购　　买

第五条 企业的采购业务应当集中，**避免多头采购或分散采购**，以提高采购业务效率，降低采购成本，堵塞管理漏洞。企业应当对办理采购业务的人员定期进行岗位轮换。重要和技术性较强的采购业务，应当组织相关专家进行论证，实行集体决策和审批。

企业除小额零星物资或服务外，不得安排同一机构办理采购业务全过程。

第六条 企业应当建立采购申请制度，依据购买物资或接受劳务的类型，确定归口管理部门，授予相应的请购权，明确相关部门或人员的职责权限及相应的请购和审批程序。

企业可以根据实际需要设置专门的请购部门，对需求部门提出的采购需求进行审核，并进行归类汇总，统筹安排企业的采购计划。

具有请购权的部门对于预算内采购项目，应当严格按照预算执行进度办理请购手续，并根据市场变化提出合理采购申请。对于超预算和预算外采购项目，应先履行预算调整程序，由具备相应审批权限的部门或人员审批后，再行办理请购手续。

第七条 企业应当建立科学的供应商评估和准入制度，确定合格供应商清单，与选定的供应商签订质量保证协议，建立供应商管理信息系统，对供应商提供物资或劳务的质量、价格、交货及时性、供货条件及其资信、经营状况等进行实时管理和综合评价，根据评价结果对供应商进行合理选择和调整。

企业可委托具有相应资质的中介机构对供应商进行资信调查。

第八条 企业应当根据市场情况和采购计划合理选择采购方式。大宗采购应当采用招标方式，合理确定招投标的范围、标准、实施程序和评标规则；一般物资或劳务等的采购可以采用询价或定向采购的方式并签订合同协议；小额零星物资或劳务等的采购可以采用直接购买等方式。

第九条 企业应当建立采购物资定价机制，采取协议采购、招标采购、谈判采购、询比价采购等多种方式合理确定采购价格，最大限度地减小市场变化对企业采购价格的影响。

大宗采购等应当采用招投标方式确定采购价格，其他商品或劳务的采购，应当根据市场行情制定最高采购限价，并对最高采购限价适时调整。

第十条 企业应当根据确定的供应商、采购方式、采购价格等情况拟订采购合同，准确描述合同条款，明确双方权利、义务和违约责任，按照规定权限签订采购合同。

企业应当根据生产建设进度和采购物资特性，选择合理的运输工具和运输方式，办理运输、投保等事宜。

第十一条 企业应当建立严格的采购验收制度，确定检验方式，由专门的验收机构或验收人员对采购项目的品种、规格、数量、质量等相关内容进行验收，出具验收证明。涉及大宗和新、特物资采购的，还应进行专业测试。

验收过程中发现的异常情况，负责验收的机构或人员应当立即向企业有权管理的相关机构报告，相关机构应当查明原因并及时处理。

第十二条　企业应当加强物资采购供应过程的管理，依据采购合同中确定的主要条款**跟踪合同履行情况**，对有可能影响生产或工程进度的异常情况，应出具书面报告并及时提出解决方案。

企业应当做好采购业务各环节的记录，实行全过程的采购登记制度或信息化管理，确保采购过程的可追溯性。

第三章　付　款

第十三条　企业应当**加强采购付款的管理**，完善付款流程，明确付款审核人的责任和权力，严格审核采购预算、合同、相关单据凭证、审批程序等相关内容，审核无误后按照合同规定及时办理付款。

企业在付款过程中，应当严格审查采购发票的真实性、合法性和有效性。发现虚假发票的，应查明原因，及时报告处理。

企业应当重视采购付款的过程控制和跟踪管理，发现异常情况的，应当拒绝付款，避免出现资金损失和信用受损。

企业应当合理选择付款方式，并严格遵循合同规定，防范付款方式不当带来的法律风险，保证资金安全。

第十四条　企业应当**加强预付账款和定金的管理**。涉及大额或长期的预付款项，应当定期进行追踪核查，综合分析预付账款的期限、占用款项的合理性、不可收回风险等情况，发现有疑问的预付款项，应当及时采取措施。

第十五条　企业应当**加强对购买、验收、付款业务的会计系统控制**，详细记录供应商情况、请购申请、采购合同、采购通知、验收证明、入库凭证、商业票据、款项支付等情况，确保会计记录、采购记录与仓储记录核对一致。

企业应当指定专人通过函证等方式,定期与供应商核对应付账款、应付票据、预付账款等往来款项。

第十六条 企业应当建立退货管理制度,对退货条件、退货手续、货物出库、退货货款回收等作出明确规定,并在与供应商的合同中明确退货事宜,及时收回退货货款。涉及符合索赔条件的退货,应在索赔期内及时办理索赔。

企业内部控制应用指引第 8 号——资产管理

第一章 总 则

第一条 为了提高资产使用效能,保证资产安全,根据有关法律法规和《企业内部控制基本规范》,制定本指引。

第二条 本指引所称资产,是指企业拥有或控制的存货、固定资产和无形资产。

第三条 企业资产管理至少应当关注下列风险:

(一)存货积压或短缺,可能导致流动资金占用过量、存货价值贬损或生产中断。

(二)固定资产更新改造不够、使用效能低下、维护不当、产能过剩,可能导致企业缺乏竞争力、资产价值贬损、安全事故频发或资源浪费。

(三)无形资产缺乏核心技术、权属不清、技术落后、存在重大技术安全隐患,可能导致企业法律纠纷、缺乏可持续发展能力。

第四条 企业应当加强各项资产管理,全面梳理资产管理流程,及时发现资产管理中的薄弱环节,切实采取有效措施加以改进,并关注资产减值迹象,合理确认资产减值损失,不断提高企业资产管理水平。

企业应当重视和加强各项资产的投保工作,采用招标等方式确定保险人,降低资产损失风险,防范资产投保舞弊。

第二章 存 货

第五条 企业应当采用先进的存货管理技术和方法，<u>规范存货管理流程</u>，明确存货取得、验收入库、原料加工、仓储保管、领用发出、盘点处置等环节的管理要求，充分利用信息系统，强化会计、出入库等相关记录，确保存货管理全过程的风险得到有效控制。

第六条 企业应当<u>建立存货管理岗位责任制</u>，明确内部相关部门和岗位的职责权限，切实做到不相容岗位相互分离、制约和监督。

企业内部除存货管理、监督部门及仓储人员外，其他部门和人员接触存货，应当经过相关部门特别授权。

第七条 企业应当重视存货验收工作，<u>规范存货验收程序和方法</u>，对入库存货的数量、质量、技术规格等方面进行查验，验收无误方可入库。

外购存货的验收，应当重点关注合同、发票等原始单据与存货的数量、质量、规格等核对一致。涉及技术含量较高的货物，必要时可委托具有检验资质的机构或聘请外部专家协助验收。

自制存货的验收，应当重点关注产品质量，通过检验合格的半成品、产成品才能办理入库手续，不合格品应及时查明原因、落实责任、报告处理。

其他方式取得存货的验收，应当重点关注存货来源、质量状况、实际价值是否符合有关合同或协议的约定。

第八条 企业应当<u>建立存货保管制度</u>，定期对存货进行检查，重点关注下列事项：

（一）存货在不同仓库之间流动时应当办理出入库手续。

（二）应当按仓储物资所要求的储存条件贮存，并健全防火、防洪、防盗、防潮、防病虫害和防变质等管理规范。

（三）加强生产现场的材料、周转材料、半成品等物资的管理，防止浪费、被盗和流失。

（四）对代管、代销、暂存、受托加工的存货，应单独存放和记录，避免与本单位存货混淆。

（五）结合企业实际情况，加强存货的保险投保，保证存货安全，合理降低存货意外损失风险。

第九条 企业应当明确存货发出和领用的审批权限，大批存货、贵重商品或危险品的发出应当实行特别授权。仓储部门应当根据经审批的销售（出库）通知单发出货物。

第十条 企业仓储部门应当详细记录存货入库、出库及库存情况，做到存货记录与实际库存相符，并定期与财会部门、存货管理部门进行核对。

第十一条 企业应当根据各种存货采购间隔期和当前库存，综合考虑企业生产经营计划、市场供求等因素，充分利用信息系统，合理确定存货采购日期和数量，确保存货处于最佳库存状态。

第十二条 企业应当建立存货盘点清查制度，结合本企业实际情况确定盘点周期、盘点流程等相关内容，核查存货数量，及时发现存货减值迹象。企业至少应当于每年年度终了开展全面盘点清查，盘点清查结果应当形成书面报告。

盘点清查中发现的存货盘盈、盘亏、毁损、闲置以及需要报废的存货，应当查明原因、落实并追究责任，按照规定权限批准后处置。

第三章 固定资产

第十三条 企业应当加强房屋建筑物、机器设备等各类固定资产的管理，重视固定资产维护和更新改造，不断提升固定资产的使用效能，积极促进固定资产处于良好运行状态。

第十四条　企业应当制定固定资产目录，对每项固定资产进行编号，按照单项资产建立固定资产卡片，详细记录各项固定资产的来源、验收、使用地点、责任单位和责任人、运转、维修、改造、折旧、盘点等相关内容。

企业应当严格执行固定资产日常维修和大修理计划，定期对固定资产进行维护保养，切实消除安全隐患。

企业应当强化对生产线等关键设备运转的监控，严格操作流程，实行岗前培训和岗位许可制度，确保设备安全运转。

第十五条　企业应当根据发展战略，充分利用国家有关自主创新政策，加大技改投入，不断促进固定资产技术升级，淘汰落后设备，切实做到保持本企业固定资产技术的先进性和企业发展的可持续性。

第十六条　企业应当严格执行固定资产投保政策，对应投保的固定资产项目按规定程序进行审批，及时办理投保手续。

第十七条　企业应当规范固定资产抵押管理，确定固定资产抵押程序和审批权限等。

企业将固定资产用作抵押的，应由相关部门提出申请，经企业授权部门或人员批准后，由资产管理部门办理抵押手续。

企业应当加强对接收的抵押资产的管理，编制专门的资产目录，合理评估抵押资产的价值。

第十八条　企业应当建立固定资产清查制度，至少每年进行全面清查。对固定资产清查中发现的问题，应当查明原因，追究责任，妥善处理。

企业应当加强固定资产处置的控制，关注固定资产处置中的关联交易和处置定价，防范资产流失。

第四章 无形资产

第十九条 企业应当加强对品牌、商标、专利、专有技术、土地使用权等无形资产的管理，分类制定无形资产管理办法，落实无形资产管理责任制，促进无形资产有效利用，充分发挥无形资产对提升企业核心竞争力的作用。

第二十条 企业应当全面梳理外购、自行开发以及其他方式取得的各类无形资产的权属关系，加强无形资产权益保护，防范侵权行为和法律风险。无形资产具有保密性质的，应当采取严格保密措施，严防泄露商业秘密。

企业购入或者以支付土地出让金等方式取得的土地使用权，应当取得土地使用权有效证明文件。

第二十一条 企业应当定期对专利、专有技术等无形资产的先进性进行评估，淘汰落后技术，加大研发投入，促进技术更新换代，不断提升自主创新能力，努力做到核心技术处于同行业领先水平。

第二十二条 企业应当重视品牌建设，加强商誉管理，通过提供高质量产品和优质服务等多种方式，不断打造和培育主业品牌，切实维护和提升企业品牌的社会认可度。

企业内部控制应用指引第9号——销售业务

第一章 总 则

第一条 为了促进企业销售稳定增长，扩大市场份额，规范销售行为，防范销售风险，根据有关法律法规和《企业内部控制基本规范》，制定本指引。

第二条 本指引所称销售，是指企业出售商品（或提供劳务）及收取款项等相关活动。

第三条 企业销售业务至少应当关注下列风险：

（一）销售政策和策略不当，市场预测不准确，销售渠道管理不当等，可能导致销售不畅、库存积压、经营难以为继。

（二）客户信用管理不到位，结算方式选择不当，账款回收不力等，可能导致销售款项不能收回或遭受欺诈。

（三）销售过程存在舞弊行为，可能导致企业利益受损。

第四条 企业应当结合实际情况，全面梳理销售业务流程，完善销售业务相关管理制度，确定适当的销售政策和策略，明确销售、发货、收款等环节的职责和审批权限，按照规定的权限和程序办理销售业务，定期检查分析销售过程中的薄弱环节，采取有效控制措施，确保实现销售目标。

第二章 销 售

第五条 企业应当加强市场调查，<u>合理确定定价机制和信用方式</u>，根据市场变化及时调整销售策略，灵活运用销售折扣、销售折让、信用销售、代销和广告宣传等多种策略和营销方式，促进销售目标实现，不断提高市场占有率。

企业应当健全客户信用档案，关注重要客户资信变动情况，采取有效措施，防范信用风险。

企业对于<u>境外客户和新开发客户，应当建立严格的信用保证制度</u>。

第六条 企业在销售合同订立前，应当<u>与客户进行业务洽谈、磋商或谈判</u>，关注客户信用状况、销售定价、结算方式等相关内容。

重大的销售业务谈判应当吸收财会、法律等专业人员参加，并形成完整的书面记录。

销售合同应当明确双方的权利和义务，审批人员应当对销售合同草案进行严格审核。重要的销售合同,应当征询法律顾问或专家的意见。

第七条 企业销售部门应当按照经批准的销售合同开具相关销售通知。发货和仓储部门应当对销售通知进行审核,严格按照所列项目组织发货,确保货物的安全发运。企业应当加强销售退回管理,分析销售退回原因,及时妥善处理。

企业应当严格按照发票管理规定开具销售发票。严禁开具虚假发票。

第八条 企业应当做好销售业务各环节的记录,填制相应的凭证,设置销售台账,实行全过程的销售登记制度。

第九条 企业应当完善客户服务制度,加强客户服务和跟踪,提升客户满意度和忠诚度,不断改进产品质量和服务水平。

第三章 收 款

第十条 企业应当完善应收款项管理制度,严格考核,实行奖惩。销售部门负责应收款项的催收,催收记录(包括往来函电)应妥善保存;财会部门负责办理资金结算并监督款项回收。

第十一条 企业应当加强商业票据管理,明确商业票据的受理范围,严格审查商业票据的真实性和合法性,防止票据欺诈。

企业应当关注商业票据的取得、贴现和背书,对已贴现但仍承担收款风险的票据以及逾期票据,应当进行追索监控和跟踪管理。

第十二条 企业应当加强对销售、发货、收款业务的会计系统控制,详细记录销售客户、销售合同、销售通知、发运凭证、商业票据、款项收回等情况,确保会计记录、销售记录与仓储记录核对一致。

企业应当指定专人通过函证等方式,定期与客户核对应收账款、应收票据、预收账款等往来款项。

企业应当加强应收款项坏账的管理。应收款项全部或部分无法收回的，应当查明原因，明确责任，并严格履行审批程序，按照国家统一的会计准则制度进行处理。

企业内部控制应用指引第10号——研究与开发

第一章 总 则

第一条 为了促进企业自主创新，增强核心竞争力，有效控制研发风险，实现发展战略，根据有关法律法规和《企业内部控制基本规范》，制定本指引。

第二条 本指引所称研究与开发，是指企业为获取新产品、新技术、新工艺等所开展的各种研发活动。

第三条 企业开展研发活动至少应当关注下列风险：

（一）研究项目未经科学论证或论证不充分，可能导致创新不足或资源浪费。

（二）研发人员配备不合理或研发过程管理不善，可能导致研发成本过高、舞弊或研发失败。

（三）研究成果转化应用不足、保护措施不力，可能导致企业利益受损。

第四条 企业应当重视研发工作，根据发展战略，结合市场开拓和技术进步要求，科学制定研发计划，强化研发全过程管理，规范研发行为，促进研发成果的转化和有效利用，不断提升企业自主创新能力。

第二章 立项与研究

第五条 企业应当根据实际需要，结合研发计划，提出研究项目立项申请，开展可行性研究，编制可行性研究报告。

企业可以组织独立于申请及立项审批之外的专业机构和人员进行评估论证，出具评估意见。

第六条 研究项目应当**按照规定的权限和程序进行审批**,重大研究项目应当报经董事会或类似权力机构集体审议决策。审批过程中,应当重点关注研究项目促进企业发展的必要性、技术的先进性以及成果转化的可行性。

第七条 企业应当**加强对研究过程的管理**,合理配备专业人员,严格落实岗位责任制,确保研究过程高效、可控。

企业应当**跟踪检查研究项目进展情况**,评估各阶段研究成果,提供足够的经费支持,确保项目按期、保质完成,有效规避研究失败风险。

企业研究项目委托外单位承担的,应当采用招标、协议等适当方式确定受托单位,签订外包合同,约定研究成果的产权归属、研究进度和质量标准等相关内容。

第八条 企业与其他单位合作进行研究的,**应当对合作单位进行尽职调查,签订书面合作研究合同**,明确双方投资、分工、权利义务、研究成果产权归属等。

第九条 企业应当建立和完善**研究成果验收制度**,组织专业人员对研究成果进行独立评审和验收。

企业对于通过验收的研究成果,可以委托相关机构进行审查,确认是否申请专利或作为非专利技术、商业秘密等进行管理。企业对于需要申请专利的研究成果,应当及时办理有关专利申请手续。

第十条 企业应当**建立严格的核心研究人员管理制度**,明确界定核心研究人员范围和名册清单,签署符合国家有关法律法规要求的保密协议。

企业与核心研究人员签订劳动合同时,应当特别约定研究成果归属、离职条件、离职移交程序、离职后保密义务、离职后竞业限制年限及违约责任等内容。

第三章　开发与保护

第十一条　企业应当**加强研究成果的开发**，形成科研、生产、市场一体化的自主创新机制，**促进研究成果转化**。

研究成果的开发应当分步推进，通过试生产充分验证产品性能，在获得市场认可后方可进行批量生产。

第十二条　企业应当**建立研究成果保护制度**，加强对专利权、非专利技术、商业秘密及研发过程中形成的各类涉密图纸、程序、资料的管理，严格按照制度规定借阅和使用。禁止无关人员接触研究成果。

第十三条　企业应当**建立研发活动评估制度**，加强对立项与研究、开发与保护等过程的全面评估，认真总结研发管理经验，分析存在的薄弱环节，完善相关制度和办法，不断改进和提升研发活动的管理水平。

企业内部控制应用指引第 11 号——工程项目

第一章　总　　则

第一条　为了加强工程项目管理，提高工程质量，保证工程进度，控制工程成本，防范商业贿赂等舞弊行为，根据有关法律法规和《企业内部控制基本规范》，制定本指引。

第二条　本指引所称工程项目，是指企业自行或者委托其他单位所进行的建造、安装工程。

第三条　企业工程项目至少应当关注下列风险：

（一）立项缺乏可行性研究或者可行性研究流于形式，决策不当，盲目上马，可能导致难以实现预期效益或项目失败。

（二）项目招标暗箱操作，存在商业贿赂，可能导致中标人实质上难以承担工程项目、中标价格失实及相关人员涉案。

（三）工程造价信息不对称，技术方案不落实，概预算脱离实际，可能导致项目投资失控。

（四）工程物资质次价高，工程监理不到位，项目资金不落实，可能导致工程质量低劣，进度延迟或中断。

（五）竣工验收不规范，最终把关不严，可能导致工程交付使用后存在重大隐患。

第四条　企业应当建立和完善工程项目各项管理制度，全面梳理各个环节可能存在的风险点，规范工程立项、招标、造价、建设、验收等环节的工作流程，明确相关部门和岗位的职责权限，做到可行性研究与决策、概预算编制与审核、项目实施与价款支付、竣工决算与审计等不相容职务相互分离，强化工程建设全过程的监控，确保工程项目的质量、进度和资金安全。

第二章　工程立项

第五条　企业应当指定专门机构归口管理工程项目，根据发展战略和年度投资计划，提出项目建议书，开展可行性研究，编制可行性研究报告。

项目建议书的主要内容包括：项目的必要性和依据、产品方案、拟建规模、建设地点、投资估算、资金筹措、项目进度安排、经济效果和社会效益的估计、环境影响的初步评价等。

可行性研究报告的内容主要包括：项目概况，项目建设的必要性，市场预测，项目建设选址及建设条件论证，建设规模和建设内容，项目外部配套建设，环境保护，劳动保护与卫生防疫，消防、节能、节水，总投资及资金来源，经济、社会效益，项目建设周期及进度安排，招投标法规定的相关内容等。

企业可以委托具有相应资质的专业机构开展可行性研究，并按照有关要求形成可行性研究报告。

第六条 企业应当组织规划、工程、技术、财会、法律等部门的专家对项目建议书和可行性研究报告进行充分论证和评审，出具评审意见，作为项目决策的重要依据。

在项目评审过程中，应当重点关注项目投资方案、投资规模、资金筹措、生产规模、投资效益、布局选址、技术、安全、设备、环境保护等方面，核实相关资料的来源和取得途径是否真实、可靠和完整。

企业可以委托具有相应资质的专业机构对可行性研究报告进行评审，出具评审意见。从事项目可行性研究的专业机构不得再从事可行性研究报告的评审。

第七条 企业应当按照规定的权限和程序对工程项目进行决策，决策过程应有完整的书面记录。重大工程项目的立项，应当报经董事会或类似权力机构集体审议批准。总会计师或分管会计工作的负责人应当参与项目决策。

任何个人不得单独决策或者擅自改变集体决策意见。工程项目决策失误应当实行责任追究制度。

第八条 企业应当在工程项目立项后、正式施工前，依法取得建设用地、城市规划、环境保护、安全、施工等方面的许可。

第三章 工程招标

第九条 企业的工程项目一般应当采用公开招标的方式，择优选择具有相应资质的承包单位和监理单位。

在选择承包单位时，企业可以将工程的勘察、设计、施工、设备采购一并发包给一个项目总承包单位，也可以将其中的一项或者多项发包给一个工程总承包单位，但不得违背工程施工组织设计和招标设计计划，将应由一个承包单位完成的工程肢解为若干部分发包给几个承包单位。

企业应当依照国家招投标法的规定，遵循公开、公正、平等竞争的原则，发布招标公告，提供载有招标工程的主要技术要求、主要合同条款、评标的标准和方法，以及开标、评标、定标的程序等内容的招标文件。

企业可以根据项目特点决定是否编制标底。需要编制标底的，标底编制过程和标底应当严格保密。

在确定中标人前，企业不得与投标人就投标价格、投标方案等实质性内容进行谈判。

第十条 企业应当依法组织工程招标的开标、评标和定标，并接受有关部门的监督。

第十一条 企业应当依法组建评标委员会。评标委员会由企业的代表和有关技术、经济方面的专家组成。评标委员会应当客观、公正地履行职务、遵守职业道德，对所提出的评审意见承担责任。

企业应当采取必要的措施，保证评标在严格保密的情况下进行。评标委员会应当按照招标文件确定的标准和方法，对投标文件进行评审和比较，择优选择中标候选人。

第十二条 评标委员会成员和参与评标的有关工作人员不得透露对投标文件的评审和比较、中标候选人的推荐情况以及与评标有关的其他情况，不得私下接触投标人，不得收受投标人的财物或者其他好处。

第十三条 企业应当按照规定的权限和程序从中标候选人中确定中标人，及时向中标人发出中标通知书，在规定的期限内与中标人订立书面合同，明确双方的权利、义务和违约责任。

企业和中标人不得再行订立背离合同实质性内容的其他协议。

第四章 工程造价

第十四条 企业应当**加强工程造价管理**,明确初步设计概算和施工图预算的编制方法,按照规定的权限和程序进行审核批准,确保概预算科学合理。

企业可以委托具备相应资质的中介机构开展工程造价咨询工作。

第十五条 企业应当向招标确定的设计单位**提供详细的设计要求和基础资料**,进行有效的技术、经济交流。

初步设计应当在技术、经济交流的基础上,采用先进的设计管理实务技术,进行多方案比选。

施工图设计深度及图纸交付进度应当符合项目要求,防止因设计深度不足、设计缺陷,造成施工组织、工期、工程质量、投资失控以及生产运行成本过高等问题。

第十六条 企业应当**建立设计变更管理制度**。设计单位应当提供全面、及时的现场服务。因过失造成设计变更的,应当实行责任追究制度。

第十七条 企业应当组织工程、技术、财会等部门的相关专业人员或委托具有相应资质的中介机构对**编制的概预算进行审核**,重点审查编制依据、项目内容、工程量的计算、定额套用等是否真实、完整和准确。

工程项目概预算按照规定的权限和程序审核批准后执行。

第五章 工程建设

第十八条 企业应当加强对工程建设过程的监控,实行严格的概预算管理,切实做到及时备料,科学施工,保障资金,落实责任,确保工程项目达到设计要求。

第十九条 按照合同约定,企业自行采购工程物资的,应当按照《企业内部控制应用指引第 7 号——采购业务》等相关指引的规定，组织工程物资采购、验收和付款；由承包单位采购工程物资的，企业应当加强监督，确保工程物资采购符合设计标准和合同要求。严禁不合格工程物资投入工程项目建设。

重大设备和大宗材料的采购应当根据有关招标采购的规定执行。

第二十条 企业应当实行严格的工程监理制度，委托经过招标确定的监理单位进行监理。工程监理单位应当依照国家法律法规及相关技术标准、设计文件和工程承包合同，对承包单位在施工质量、工期、进度、安全和资金使用等方面实施监督。

工程监理人员应当具备良好的职业操守，客观公正地执行监理任务，发现工程施工不符合设计要求、施工技术标准和合同约定的，应当要求承包单位改正；发现工程设计不符合建筑工程质量标准或者合同约定的质量要求的，应当报告企业要求设计单位改正。

未经工程监理人员签字，工程物资不得在工程上使用或者安装，不得进行下一道工序施工，不得拨付工程价款，不得进行竣工验收。

第二十一条 企业财会部门应当加强与承包单位的沟通，准确掌握工程进度，根据合同约定，按照规定的审批权限和程序办理工程价款结算，不得无故拖欠。

第二十二条 企业应当严格控制工程变更，确需变更的，应当按照规定的权限和程序进行审批。

重大的项目变更应当按照项目决策和概预算控制的有关程序和要求重新履行审批手续。

因工程变更等原因造成价款支付方式及金额发生变动的，应当提供完整的书面文件和其他相关资料，并对工程变更价款的支付进行严格审核。

第六章 工程验收

第二十三条 企业收到承包单位的工程竣工报告后,应当及时编制竣工决算,开展竣工决算审计,组织设计、施工、监理等有关单位进行竣工验收。

第二十四条 企业应当组织审核竣工决算,重点审查决算依据是否完备,相关文件资料是否齐全,竣工清理是否完成,决算编制是否正确。

企业应当加强竣工决算审计,未实施竣工决算审计的工程项目,不得办理竣工验收手续。

第二十五条 企业应当及时组织工程项目竣工验收。交付竣工验收的工程项目,应当符合规定的质量标准,有完整的工程技术经济资料,并具备国家规定的其他竣工条件。

验收合格的工程项目,应当编制交付使用财产清单,及时办理交付使用手续。

第二十六条 企业应当按照国家有关档案管理的规定,及时收集、整理工程建设各环节的文件资料,建立完整的工程项目档案。

第二十七条 企业应当建立完工项目后评估制度,重点评价工程项目预期目标的实现情况和项目投资效益等,并以此作为绩效考核和责任追究的依据。

企业内部控制应用指引第12号——担保业务

第一章 总　则

第一条 为了加强企业担保业务管理,防范担保业务风险,根据《中华人民共和国担保法》(现已收编为《民法典》)等有关法律法规和《企业内部控制基本规范》,制定本指引。

第二条 本指引所称担保,是指企业作为担保人按照公平、自愿、互利的原则与债权人约定,当债务人不履行债务时,依照法律规定和合同协议承担相应法律责任的行为。

第三条 企业办理担保业务至少应当关注下列风险:

(一)对担保申请人的资信状况调查不深,审批不严或越权审批,可能导致企业担保决策失误或遭受欺诈。

(二)对被担保人出现财务困难或经营陷入困境等状况监控不力,应对措施不当,可能导致企业承担法律责任。

(三)担保过程中存在舞弊行为,可能导致经办审批等相关人员涉案或企业利益受损。

第四条 企业应当依法制定和完善担保业务政策及相关管理制度,明确担保的对象、范围、方式、条件、程序、担保限额和禁止担保等事项,规范调查评估、审核批准、担保执行等环节的工作流程,按照政策、制度、流程办理担保业务,定期检查担保政策的执行情况及效果,切实防范担保业务风险。

第二章 调查评估与审批

第五条 企业应当指定相关部门负责办理担保业务,对担保申请人进行资信调查和风险评估,评估结果应出具书面报告。企业也可委托中介机构对担保业务进行资信调查和风险评估工作。

企业在对担保申请人进行资信调查和风险评估时,应当重点关注以下事项:

(一)担保业务是否符合国家法律法规和本企业担保政策等相关要求。

(二)担保申请人的资信状况,一般包括:基本情况、资产质量、经营情况、偿债能力、盈利水平、信用程度、行业前景等。

（三）担保申请人用于担保和第三方担保的资产状况及其权利归属。

（四）企业要求担保申请人提供反担保的，还应当对与反担保有关的资产状况进行评估。

第六条 企业对担保申请人出现以下情形之一的，不得提供担保：

（一）担保项目不符合国家法律法规和本企业担保政策的。

（二）已进入重组、托管、兼并或破产清算程序的。

（三）财务状况恶化、资不抵债、管理混乱、经营风险较大的。

（四）与其他企业存在较大经济纠纷，面临法律诉讼且可能承担较大赔偿责任的。

（五）与本企业已经发生过担保纠纷且仍未妥善解决的，或不能及时足额交纳担保费用的。

第七条 企业应当**建立担保授权和审批制度**，规定担保业务的授权批准方式、权限、程序、责任和相关控制措施，在授权范围内进行审批，不得超越权限审批。重大担保业务，应当报经董事会或类似权力机构批准。

经办人员应当在职责范围内，按照审批人员的批准意见办理担保业务。对于审批人超越权限审批的担保业务，经办人员应当拒绝办理。

第八条 企业应当采取合法有效的措施**加强对子公司担保业务的统一监控**。企业内设机构未经授权不得办理担保业务。

企业为关联方提供担保的，与关联方存在经济利益或近亲属关系的有关人员在评估与审批环节应当回避。

对境外企业进行担保的，应当遵守外汇管理规定，并关注被担保人所在国家的政治、经济、法律等因素。

第九条 被担保人要求变更担保事项的，企业应当重新履行调查评估与审批程序。

第三章 执行与监控

第十条 企业应当根据审核批准的担保业务**订立担保合同**。担保合同应明确被担保人的权利、义务、违约责任等相关内容，并要求被担保人定期提供财务报告与有关资料，及时通报担保事项的实施情况。

担保申请人同时向多方申请担保的，企业应当在担保合同中明确约定本企业的担保份额和相应的责任。

第十一条 企业担保经办部门应当**加强担保合同的日常管理**，定期监测被担保人的经营情况和财务状况，对被担保人进行跟踪和监督，了解担保项目的执行、资金的使用、贷款的归还、财务运行及风险等情况，确保担保合同有效履行。

担保合同履行过程中，如果被担保人出现异常情况，应当及时报告，妥善处理。

对于被担保人未按有法律效力的合同条款偿付债务或履行相关合同项下的义务的，企业应当按照担保合同履行义务，同时主张对被担保人的追索权。

第十二条 企业应当**加强对担保业务的会计系统控制**，及时足额收取担保费用，建立担保事项台账，详细记录担保对象、金额、期限、用于抵押和质押的物品或权利以及其他有关事项。

企业财会部门应当及时收集、分析被担保人担保期内经审计的财务报告等相关资料，持续关注被担保人的财务状况、经营成果、现金流量以及担保合同的履行情况，积极配合担保经办部门防范担保业务风险。

对于被担保人出现财务状况恶化、资不抵债、破产清算等情形的，企业应当根据国家统一的会计准则制度规定，合理确认预计负债和损失。

第十三条　企业应当加强对反担保财产的管理，妥善保管被担保人用于反担保的权利凭证，定期核实财产的存续状况和价值，发现问题及时处理，确保反担保财产安全完整。

第十四条　企业应当建立担保业务责任追究制度，对在担保中出现重大决策失误、未履行集体审批程序或不按规定管理担保业务的部门及人员，应当严格追究相应的责任。

第十五条　企业应当在担保合同到期时，全面清查用于担保的财产、权利凭证，按照合同约定及时终止担保关系。

企业应当妥善保管担保合同、与担保合同相关的主合同、反担保函或反担保合同，以及抵押、质押的权利凭证和有关原始资料，切实做到担保业务档案完整无缺。

企业内部控制应用指引第13号——业务外包

第一章　总　　则

第一条　为了加强业务外包管理，规范业务外包行为，防范业务外包风险，根据有关法律法规和《企业内部控制基本规范》，制定本指引。

第二条　本指引所称业务外包，是指企业利用专业化分工优势，将日常经营中的部分业务委托给本企业以外的专业服务机构或其他经济组织（以下简称承包方）完成的经营行为。

本指引不涉及工程项目外包。

第三条　企业应当对外包业务实施分类管理，通常划分为重大外包业务和一般外包业务。重大外包业务是指对企业生产经营有重大影响的外包业务。

外包业务通常包括：研发、资信调查、可行性研究、委托加工、物业管理、客户服务、IT服务等。

第四条 企业的业务外包至少应当关注下列风险：

（一）外包范围和价格确定不合理，承包方选择不当，可能导致企业遭受损失。

（二）业务外包监控不严、服务质量低劣，可能导致企业难以发挥业务外包的优势。

（三）业务外包存在商业贿赂等舞弊行为，可能导致企业相关人员涉案。

第五条 企业应当建立和完善业务外包管理制度，规定业务外包的范围、方式、条件、程序和实施等相关内容，明确相关部门和岗位的职责权限，强化业务外包全过程的监控，防范外包风险，充分发挥业务外包的优势。

企业应当权衡利弊，避免核心业务外包。

第二章 承包方选择

第六条 企业应当根据年度生产经营计划和业务外包管理制度，结合确定的业务外包范围，拟定实施方案，按照规定的权限和程序审核批准。

总会计师或分管会计工作的负责人应当参与重大业务外包的决策。重大业务外包方案应当提交董事会或类似权力机构审批。

第七条 企业应当按照批准的业务外包实施方案选择承包方。承包方至少应当具备下列条件：

（一）承包方是依法成立和合法经营的专业服务机构或其他经济组织，具有相应的经营范围和固定的办公场所。

（二）承包方应当具备相应的专业资质，其从业人员符合岗位要求和任职条件，并具有相应的专业技术资格。

（三）承包方的技术及经验水平符合本企业业务外包的要求。

第八条 企业应当综合考虑内外部因素，**合理确定外包价格**，严格控制业务外包成本，切实做到符合成本效益原则。

第九条 企业应当**引入竞争机制**，遵循公开、公平、公正的原则，采用适当方式，择优选择外包业务的承包方。采用招标方式选择承包方的，应当符合招投标法的相关规定。

企业及相关人员在选择承包方的过程中，不得收受贿赂、回扣或者索取其他好处。承包方及其工作人员不得利用向企业及其工作人员行贿、提供回扣或者给予其他好处等不正当手段承揽业务。

第十条 企业应当**按照规定的权限和程序从候选承包方中确定最终承包方，并签订业务外包合同**。业务外包合同内容主要包括：外包业务的内容和范围，双方权利和义务，服务和质量标准，保密事项，费用结算标准和违约责任等事项。

第十一条 企业外包业务需要保密的，应当在业务外包合同或者另行签订的保密协议中明确规定承包方的保密义务和责任，要求承包方向其从业人员提示保密要求和应承担的责任。

第三章　业务外包实施

第十二条 企业应当**加强业务外包实施的管理**，严格按照业务外包**制度、工作流程和相关要求**，**组织开展业务外包**，并**采取有效的控制措施**，确保承包方严格履行业务外包合同。

第十三条 企业应当做好与承包方的对接工作，**加强与承包方的沟通与协调**，及时搜集相关信息，发现和解决外包业务日常管理中存在的问题。

对于重大业务外包，企业应当密切关注承包方的履约能力，建立相应的应急机制，避免业务外包失败造成本企业生产经营活动中断。

第十四条 企业应当根据国家统一的会计准则制度,**加强对外包业务的核算与监督**,做好业务外包费用结算工作。

第十五条 企业应当**对承包方的履约能力进行持续评估**,有确凿证据表明承包方存在重大违约行为,导致业务外包合同无法履行的,应当及时终止合同。

承包方违约并造成企业损失的,企业应当按照合同对承包方进行索赔,并追究责任人责任。

第十六条 业务外包合同执行完成后需要验收的,企业应当组织相关部门或人员**对完成的业务外包合同进行验收**,出具验收证明。

验收过程中发现异常情况,应当立即报告,查明原因,及时处理。

企业内部控制应用指引第14号——财务报告

第一章 总 则

第一条 为了规范企业财务报告,保证财务报告的真实、完整,根据《中华人民共和国会计法》等有关法律法规和《企业内部控制基本规范》,制定本指引。

第二条 本指引所称财务报告,是指反映企业某一特定日期财务状况和某一会计期间经营成果、现金流量的文件。

第三条 企业编制、对外提供和分析利用财务报告,至少应当关注下列风险:

(一)编制财务报告违反会计法律法规和国家统一的会计准则制度,可能导致企业承担法律责任和声誉受损。

(二)提供虚假财务报告,误导财务报告使用者,造成决策失误,干扰市场秩序。

(三)不能有效利用财务报告,难以及时发现企业经营管理中存在的问题,可能导致企业财务和经营风险失控。

第四条 企业应当严格执行会计法律法规和国家统一的会计准则制度，加强对财务报告编制、对外提供和分析利用全过程的管理，明确相关工作流程和要求，落实责任制，确保财务报告合法合规、真实完整和有效利用。

总会计师或分管会计工作的负责人负责组织领导财务报告的编制、对外提供和分析利用等相关工作。

企业负责人对财务报告的真实性、完整性负责。

第二章 财务报告的编制

第五条 企业编制财务报告，应当重点关注会计政策和会计估计，对财务报告产生重大影响的交易和事项的处理应当按照规定的权限和程序进行审批。

企业在编制年度财务报告前，应当进行必要的资产清查、减值测试和债权债务核实。

第六条 企业应当按照国家统一的会计准则制度规定，根据登记完整、核对无误的会计账簿记录和其他有关资料编制财务报告，做到内容完整、数字真实、计算准确，不得漏报或者随意进行取舍。

第七条 企业财务报告列示的资产、负债、所有者权益金额应当真实可靠。

各项资产计价方法不得随意变更，如有减值，应当合理计提减值准备，严禁虚增或虚减资产。

各项负债应当反映企业的现时义务，不得提前、推迟或不确认负债，严禁虚增或虚减负债。

所有者权益应当反映企业资产扣除负债后由所有者享有的剩余权益，由实收资本、资本公积、留存收益等构成。企业应当做好所有者权益保值增值工作，严禁虚假出资、抽逃出资、资本不实。

第八条 企业财务报告应当如实列示当期收入、费用和利润。

各项收入的确认应当遵循规定的标准，不得虚列或者隐瞒收入，推迟或提前确认收入。

各项费用、成本的确认应当符合规定，不得随意改变费用、成本的确认标准或计量方法，虚列、多列、不列或者少列费用、成本。

利润由收入减去费用后的净额、直接计入当期利润的利得和损失等构成。不得随意调整利润的计算、分配方法，编造虚假利润。

第九条 企业财务报告列示的各种现金流量由经营活动、投资活动和筹资活动的现金流量构成，应当按照规定划清各类交易和事项的现金流量的界限。

第十条 附注是财务报告的重要组成部分，对反映企业财务状况、经营成果、现金流量的报表中需要说明的事项，作出真实、完整、清晰的说明。

企业应当按照国家统一的会计准则制度编制附注。

第十一条 企业集团应当编制合并财务报表，明确合并财务报表的合并范围和合并方法，如实反映企业集团的财务状况、经营成果和现金流量。

第十二条 企业编制财务报告，应当充分利用信息技术，提高工作效率和工作质量，减少或避免编制差错和人为调整因素。

第三章 财务报告的对外提供

第十三条 企业应当依照法律法规和国家统一的会计准则制度的规定，及时对外提供财务报告。

第十四条 企业财务报告编制完成后，应当装订成册，加盖公章，由企业负责人、总会计师或分管会计工作的负责人、财会部门负责人签名并盖章。

第十五条 财务报告须经注册会计师审计的，注册会计师及其所在的事务所出具的审计报告，应当随同财务报告一并提供。

企业对外提供的财务报告应当及时整理归档,并按有关规定妥善保存。

第四章 财务报告的分析利用

第十六条 企业应当**重视财务报告分析工作**,定期召开财务分析会议,充分利用财务报告反映的综合信息,全面分析企业的经营管理状况和存在的问题,不断提高经营管理水平。

企业财务分析会议应吸收有关部门负责人参加。总会计师或分管会计工作的负责人应当在财务分析和利用工作中发挥主导作用。

第十七条 企业应当分析企业的资产分布、负债水平和所有者权益结构,通过资产负债率、流动比率、资产周转率等指标分析企业的偿债能力和营运能力;分析企业净资产的增减变化,了解和掌握企业规模和净资产的不断变化过程。

第十八条 企业应当分析各项收入、费用的构成及其增减变动情况,通过净资产收益率、每股收益等指标,分析企业的盈利能力和发展能力,了解和掌握当期利润增减变化的原因和未来发展趋势。

第十九条 企业应当分析经营活动、投资活动、筹资活动现金流量的运转情况,重点关注现金流量能否保证生产经营过程的正常运行,防止现金短缺或闲置。

第二十条 企业定期的财务分析应当形成分析报告,构成内部报告的组成部分。

财务分析报告结果应当及时传递给企业内部有关管理层级,充分发挥财务报告在企业生产经营管理中的重要作用。

企业内部控制应用指引第15号——全面预算

第一章 总 则

第一条 为了促进企业实现发展战略,发挥全面预算管理作用,根据有关法律法规和《企业内部控制基本规范》,制定本指引。

第二条 本指引所称全面预算，是指企业对一定期间经营活动、投资活动、财务活动等作出的预算安排。

第三条 企业实行全面预算管理，至少应当关注下列风险：

（一）不编制预算或预算不健全，可能导致企业经营缺乏约束或盲目经营。

（二）预算目标不合理、编制不科学，可能导致企业资源浪费或发展战略难以实现。

（三）预算缺乏刚性、执行不力、考核不严，可能导致预算管理流于形式。

第四条 企业应当加强全面预算工作的组织领导，明确预算管理体制以及各预算执行单位的职责权限、授权批准程序和工作协调机制。

企业应当设立预算管理委员会履行全面预算管理职责，其成员由企业负责人及内部相关部门负责人组成。

预算管理委员会主要负责拟定预算目标和预算政策，制定预算管理的具体措施和办法，组织编制、平衡预算草案，下达经批准的预算，协调解决预算编制和执行中的问题，考核预算执行情况，督促完成预算目标。预算管理委员会下设预算管理工作机构，由其履行日常管理职责。预算管理工作机构一般设在财会部门。

总会计师或分管会计工作的负责人应当协助企业负责人负责企业全面预算管理工作的组织领导。

第二章 预算编制

第五条 企业应当建立和完善预算编制工作制度，明确编制依据、编制程序、编制方法等内容，确保预算编制依据合理、程序适当、方法科学，避免预算指标过高或过低。

企业应当在预算年度开始前完成全面预算草案的编制工作。

第六条 企业应当根据发展战略和年度生产经营计划，综合考虑预算期内经济政策、市场环境等因素，按照上下结合、分级编制、逐级汇总的程序，编制年度全面预算。

企业可以选择或综合运用固定预算、弹性预算、滚动预算等方法编制预算。

第七条　企业预算管理委员会应当对预算管理工作机构在综合平衡基础上提交的预算方案进行研究论证，从企业发展全局角度提出建议，形成全面预算草案，并提交董事会。

第八条　企业董事会审核全面预算草案，应当重点关注预算科学性和可行性，确保全面预算与企业发展战略、年度生产经营计划相协调。企业全面预算应当按照相关法律法规及企业章程的规定报经审议批准。批准后，应当以文件形式下达执行。

第三章　预算执行

第九条　企业应当加强对预算执行的管理，明确预算指标分解方式、预算执行审批权限和要求、预算执行情况报告等，落实预算执行责任制，确保预算刚性，严格预算执行。

第十条　企业全面预算一经批准下达，各预算执行单位应当认真组织实施，将预算指标层层分解，从横向和纵向落实到内部各部门、各环节和各岗位，形成全方位的预算执行责任体系。

企业应当以年度预算作为组织、协调各项生产经营活动的基本依据，将年度预算细分为季度、月度预算，通过实施分期预算控制，实现年度预算目标。

第十一条　企业应当根据全面预算管理要求，组织各项生产经营活动和投融资活动，严格预算执行和控制。

企业应当加强资金收付业务的预算控制，及时组织资金收入，严格控制资金支付，调节资金收付平衡，防范支付风险。对于超预算或预算外的资金支付，应当实行严格的审批制度。

企业办理采购与付款、销售与收款、成本费用、工程项目、对外投融资、研究与开发、信息系统、人力资源、安全环保、资产购置与维护等业务和事项，均应符合预算要求。涉及生产过程和成本费用的，还应执行相关计划、定额、定率标准。

对于工程项目、对外投融资等重大预算项目，企业应当密切跟踪其实施进度和完成情况，实行严格监控。

第十二条 企业预算管理工作机构应当**加强与各预算执行单位的沟通**，运用财务信息和其他相关资料监控预算执行情况，采用恰当方式及时向决策机构和各预算执行单位报告、反馈预算执行进度、执行差异及其对预算目标的影响，促进企业全面预算目标的实现。

第十三条 企业预算管理工作机构和各预算执行单位应当**建立预算执行情况分析制度**，定期召开预算执行分析会议，通报预算执行情况，研究、解决预算执行中存在的问题，提出改进措施。

企业分析预算执行情况，应当充分收集有关财务、业务、市场、技术、政策、法律等方面的信息资料，根据不同情况分别采用比率分析、比较分析、因素分析等方法，从定量与定性两个层面充分反映预算执行单位的现状、发展趋势及其存在的潜力。

第十四条 企业批准下达的预算应当保持稳定，不得随意调整。由于市场环境、国家政策或不可抗力等客观因素，导致预算执行发生重大差异确需调整预算的，**应当履行严格的审批程序**。

第四章 预算考核

第十五条 企业应当**建立严格的预算执行考核制度**，对各预算执行单位和个人进行考核，切实做到有奖有惩、奖惩分明。

第十六条 企业预算管理委员会应当**定期组织预算执行情况考核**，将各预算执行单位负责人签字上报的预算执行报告和已掌握的动态监控信息进行核对，确认各执行单位预算完成情况。必要时，实行预算执行情况内部审计制度。

第十七条 企业预算执行情况考核工作,应当坚持公开、公平、公正的原则,考核过程及结果应有完整的记录。

企业内部控制应用指引第 16 号——合同管理

第一章 总 则

第一条 为了促进企业加强合同管理,维护企业合法权益,根据《中华人民共和国合同法》(现已收编为《民法典第三编全同》)等有关法律法规和《企业内部控制基本规范》,制定本指引。

第二条 本指引所称合同,是指企业与自然人、法人及其他组织等平等主体之间设立、变更、终止民事权利义务关系的协议。企业与职工签订的劳动合同,不适用本指引。

第三条 企业合同管理至少应当关注下列风险:

(一)未订立合同、未经授权对外订立合同、合同对方主体资格未达要求、合同内容存在重大疏漏和欺诈,可能导致企业合法权益受到侵害。

(二)合同未全面履行或监控不当,可能导致企业诉讼失败、经济利益受损。

(三)合同纠纷处理不当,可能损害企业利益、信誉和形象。

第四条 企业应当加强合同管理,确定合同归口管理部门,明确合同拟定、审批、执行等环节的程序和要求,定期检查和评价合同管理中的薄弱环节,采取相应控制措施,促进合同有效履行,切实维护企业的合法权益。

第二章 合同的订立

第五条 企业对外发生经济行为,除即时结清方式外,**应当订立书面合同**。合同订立前,应当充分了解合同对方的主体资格、信用状况等有关内容，确保对方当事人具备履约能力。

对于影响重大、涉及较高专业技术或法律关系复杂的合同，应当组织法律、技术、财会等专业人员参与谈判，必要时可聘请外部专家参与相关工作。

谈判过程中的重要事项和参与谈判人员的主要意见，应当予以记录并妥善保存。

第六条 企业应当根据协商、谈判等的结果，拟订合同文本，按照自愿、公平原则，明确双方的权利义务和违约责任，做到条款内容完整，表述严谨准确，相关手续齐备，避免出现重大疏漏。

合同文本一般由业务承办部门起草、法律部门审核。重大合同或法律关系复杂的特殊合同应当由法律部门参与起草。国家或行业有合同示范文本的，可以优先选用，但对涉及权利义务关系的条款应当进行认真审查，并根据实际情况进行适当修改。

合同文本须报经国家有关主管部门审查或备案的，应当履行相应程序。

第七条 企业应当对合同文本进行严格审核，重点关注合同的主体、内容和形式是否合法，合同内容是否符合企业的经济利益，对方当事人是否具有履约能力，合同权利和义务、违约责任和争议解决条款是否明确等。

企业对影响重大或法律关系复杂的合同文本，应当组织内部相关部门进行审核。相关部门提出不同意见的，应当认真分析研究，慎重对待，并准确无误地加以记录；必要时应对合同条款作出修改。内部相关部门应当认真履行职责。

第八条 企业应当按照规定的权限和程序与对方当事人签署合同。正式对外订立的合同，应当由企业法定代表人或由其授权的代理人签名或加盖有关印章。授权签署合同的，应当签署授权委托书。

属于上级管理权限的合同，下级单位不得签署。下级单位认为确有需要签署涉及上级管理权限的合同，应当提出申请，并经上级合同管理机构批准后办理。上级单位应当加强对下级单位合同订立、履行情况的监督检查。

第九条　企业应当建立合同专用章保管制度。合同经编号、审批及企业法定代表人或由其授权的代理人签署后，方可加盖合同专用章。

第十条　企业应当加强合同信息安全保密工作，未经批准，不得以任何形式泄露合同订立与履行过程中涉及的商业秘密或国家机密。

第三章　合同的履行

第十一条　企业应当遵循诚实信用原则严格履行合同，对合同履行实施有效监控，强化对合同履行情况及效果的检查、分析和验收，确保合同全面有效履行。

合同生效后，企业就质量、价款、履行地点等内容与合同对方没有约定或者约定不明确的，可以协议补充；不能达成补充协议的，按照国家相关法律法规、合同有关条款或者交易习惯确定。

第十二条　在合同履行过程中发现有显失公平、条款有误或对方有欺诈行为等情形，或因政策调整、市场变化等客观因素，已经或可能导致企业利益受损，应当按规定程序及时报告，并经双方协商一致，按照规定权限和程序办理合同变更或解除事宜。

第十三条　企业应当加强合同纠纷管理，在履行合同过程中发生纠纷的，应当依据国家相关法律法规，在规定时效内与对方当事人协商并按规定权限和程序及时报告。

合同纠纷经协商一致的，双方应当签订书面协议。合同纠纷经协商无法解决的，应当根据合同约定选择仲裁或诉讼方式解决。

企业内部授权处理合同纠纷的，应当签署授权委托书。纠纷处理过程中，未经授权批准，相关经办人员不得向对方当事人作出实质性答复或承诺。

第十四条 企业财会部门应当**根据合同条款审核后办理结算业务**。未按合同条款履约的，或应签订书面合同而未签订的，财会部门有权拒绝付款，并及时向企业有关负责人报告。

第十五条 合同管理部门应当**加强合同登记管理**，充分利用信息化手段，定期对合同进行统计、分类和归档，详细登记合同的订立、履行和变更等情况，实行合同的全过程封闭管理。

第十六条 企业应当**建立合同履行情况评估制度**，至少于每年年末对合同履行的总体情况和重大合同履行的具体情况进行分析评估，对分析评估中发现合同履行中存在的不足，应当及时加以改进。

企业应当健全合同管理考核与责任追究制度。对合同订立、履行过程中出现的违法违规行为，应当追究有关机构或人员的责任。

企业内部控制应用指引第 17 号——内部信息传递

第一章 总　　则

第一条 为了促进企业生产经营管理信息在内部各管理层级之间的有效沟通和充分利用，根据《企业内部控制基本规范》，制定本指引。

第二条 本指引所称内部信息传递，是指企业内部各管理层级之间通过内部报告形式传递生产经营管理信息的过程。

第三条 企业内部信息传递至少应当关注下列风险：

（一）内部报告系统缺失、功能不健全、内容不完整，可能影响生产经营有序运行。

（二）内部信息传递不通畅、不及时，可能导致决策失误、相关政策措施难以落实。

（三）内部信息传递中泄露商业秘密，可能削弱企业核心竞争力。

第四条 企业应当加强内部报告管理，全面梳理内部信息传递过程中的薄弱环节，建立科学的内部信息传递机制，明确内部信息传递的内容、保密要求及密级分类、传递方式、传递范围以及各管理层级的职责权限等，促进内部报告的有效利用，充分发挥内部报告的作用。

第二章 内部报告的形成

第五条 企业应当根据发展战略、风险控制和业绩考核要求，科学规范不同级次内部报告的指标体系，采用经营快报等多种形式，全面反映与企业生产经营管理相关的各种内外部信息。

内部报告指标体系的设计应当与全面预算管理相结合，并随着环境和业务的变化不断进行修订和完善。设计内部报告指标体系时，应当关注企业成本费用预算的执行情况。

内部报告应当简洁明了、通俗易懂、传递及时，便于企业各管理层级和全体员工掌握相关信息，正确履行职责。

第六条 企业应当制定严密的内部报告流程，充分利用信息技术，强化内部报告信息集成和共享，将内部报告纳入企业统一信息平台，构建科学的内部报告网络体系。

企业内部各管理层级均应当指定专人负责内部报告工作，重要信息应及时上报，并可以直接报告高级管理人员。

企业应当建立内部报告审核制度，确保内部报告信息质量。

第七条 企业应当关注市场环境、政策变化等外部信息对企业生产经营管理的影响，广泛收集、分析、整理外部信息，并通过内部报告传递到企业内部相关管理层级，以便采取应对策略。

第八条 企业应当拓宽内部报告渠道，通过落实奖励措施等多种有效方式，广泛收集合理化建议。

企业应当重视和加强反舞弊机制建设，通过设立员工信箱、投诉热线等方式，鼓励员工及企业利益相关方举报和投诉企业内部的违法违规、舞弊和其他有损企业形象的行为。

第三章　内部报告的使用

第九条　企业各级管理人员应当充分利用内部报告管理和指导企业的生产经营活动，及时反映全面预算执行情况，协调企业内部相关部门和各单位的运营进度，严格绩效考核和责任追究，确保企业实现发展目标。

第十条　企业应当有效利用内部报告进行风险评估，准确识别和系统分析企业生产经营活动中的内外部风险，确定风险应对策略，实现对风险的有效控制。

企业对于内部报告反映出的问题应当及时解决；涉及突出问题和重大风险的，应当启动应急预案。

第十一条　企业应当制定严格的内部报告保密制度，明确保密内容、保密措施、密级程度和传递范围，防止泄露商业秘密。

第十二条　企业应当建立内部报告的评估制度，定期对内部报告的形成和使用进行全面评估，重点关注内部报告的及时性、安全性和有效性。

企业内部控制应用指引第 18 号——信息系统

第一章　总　　则

第一条　为了促进企业有效实施内部控制，提高企业现代化管理水平，减少人为因素，根据有关法律法规和《企业内部控制基本规范》，制定本指引。

第二条　本指引所称信息系统，是指企业利用计算机和通信技术，对内部控制进行集成、转化和提升所形成的信息化管理平台。

第三条　企业利用信息系统实施内部控制至少应当关注下列风险：

（一）信息系统缺乏或规划不合理，可能造成信息孤岛或重复建设，导致企业经营管理效率低下。

（二）系统开发不符合内部控制要求，授权管理不当，可能导致无法利用信息技术实施有效控制。

（三）系统运行维护和安全措施不到位，可能导致信息泄露或毁损，系统无法正常运行。

第四条　企业应当重视信息系统在内部控制中的作用，根据内部控制要求，结合组织架构、业务范围、地域分布、技术能力等因素，制定信息系统建设整体规划，加大投入力度，有序组织信息系统开发、运行与维护，优化管理流程，防范经营风险，全面提升企业现代化管理水平。

企业应当指定专门机构对信息系统建设实施归口管理，明确相关单位的职责权限，建立有效工作机制。企业可委托专业机构从事信息系统的开发、运行和维护工作。

企业负责人对信息系统建设工作负责。

第二章　信息系统的开发

第五条　企业应当根据信息系统建设整体规划提出项目建设方案，明确建设目标、人员配备、职责分工、经费保障和进度安排等相关内容，按照规定的权限和程序审批后实施。

企业信息系统归口管理部门应当组织内部各单位提出开发需求和关键控制点，规范开发流程，明确系统设计、编程、安装调试、验收、上线等全过程的管理要求，严格按照建设方案、开发流程和相关要求组织开发工作。

企业开发信息系统，可以采取自行开发、外购调试、业务外包等方式。选定外购调试或业务外包方式的，应当采用公开招标等形式择优确定供应商或开发单位。

第六条　企业开发信息系统，应当将生产经营管理业务流程、关键控制点和处理规则嵌入系统程序，实现手工环境下难以实现的控制功能。

企业在系统开发过程中，应当按照不同业务的控制要求，通过信息系统中的权限管理功能控制用户的操作权限，避免将不相容职责的处理权限授予同一用户。

企业应当针对不同数据的输入方式，考虑对进入系统数据的检查和校验功能。对于必需的后台操作，应当加强管理，建立规范的流程制度，对操作情况进行监控或者审计。

企业应当在信息系统中设置操作日志功能，确保操作的可审计性。对异常的或者违背内部控制要求的交易和数据，应当设计由系统自动报告并设置跟踪处理机制。

第七条 企业信息系统归口管理部门应当加强信息系统开发全过程的跟踪管理，组织开发单位与内部各单位的日常沟通和协调，督促开发单位按照建设方案、计划进度和质量要求完成编程工作，对配备的硬件设备和系统软件进行检查验收，组织系统上线运行等。

第八条 企业应当组织独立于开发单位的专业机构对开发完成的信息系统进行验收测试，确保在功能、性能、控制要求和安全性等方面符合开发需求。

第九条 企业应当切实做好信息系统上线的各项准备工作，培训业务操作和系统管理人员，制定科学的上线计划和新旧系统转换方案，考虑应急预案，确保新旧系统顺利切换和平稳衔接。系统上线涉及数据迁移的，还应制定详细的数据迁移计划。

第三章 信息系统的运行与维护

第十条 企业应当加强信息系统运行与维护的管理，制定信息系统工作程序、信息管理制度以及各模块子系统的具体操作规范，及时跟踪、发现和解决系统运行中存在的问题，确保信息系统按照规定的程序、制度和操作规范持续稳定运行。

企业应当建立信息系统变更管理流程，信息系统变更应当严格遵照管理流程进行操作。信息系统操作人员不得擅自进行系统软件的删除、修改等操作；不得擅自升级、改变系统软件版本；不得擅自改变软件系统环境配置。

第十一条 企业应当根据业务性质、重要性程度、涉密情况等确定信息系统的安全等级，建立不同等级信息的授权使用制度，采用相应技术手段保证信息系统运行安全有序。

企业应当建立信息系统安全保密和泄密责任追究制度。委托专业机构进行系统运行与维护管理的，应当审查该机构的资质，并与其签订服务合同和保密协议。

企业应当采取安装安全软件等措施防范信息系统受到病毒等恶意软件的感染和破坏。

第十二条 企业应当建立用户管理制度，加强对重要业务系统的访问权限管理，定期审阅系统账号，避免授权不当或存在非授权账号，禁止不相容职务用户账号的交叉操作。

第十三条 企业应当综合利用防火墙、路由器等网络设备，漏洞扫描、入侵检测等软件技术以及远程访问安全策略等手段，加强网络安全，防范来自网络的攻击和非法侵入。

企业对于通过网络传输的涉密或关键数据，应当采取加密措施，确保信息传递的保密性、准确性和完整性。

第十四条 企业应当建立**系统数据定期备份**制度，明确备份范围、频度、方法、责任人、存放地点、有效性检查等内容。

第十五条 企业应当加强服务器等关键信息设备的管理，建立良好的物理环境，指定专人负责检查，及时处理异常情况。未经授权，任何人不得接触关键信息设备。

编后记

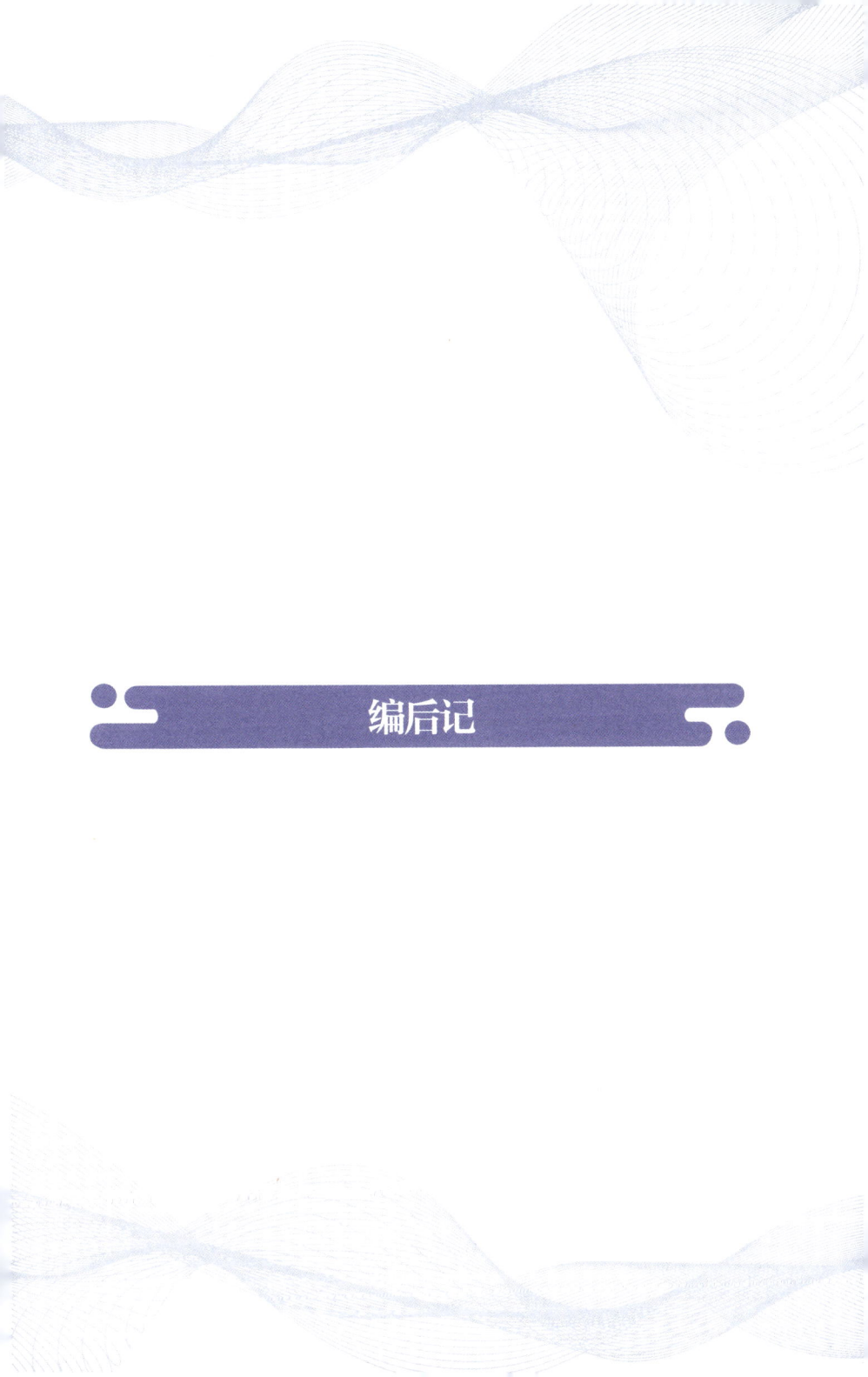

内部秩序井然、部门协同高效是所有企业的共同追求。在现实操作中，管理目标的实现总会受到各种内外因素的影响，导致管理偏离方向或是流于形式，难以达到预期。

于是，在企业内部，为合理保证企业管理目标实现而设计的控制机制和相应的内部管理执行机制应运而生。

内部控制是一个动态的概念，它随着管理者认识的深化而拓展，随着企业管理理论与实践的发展经历了一个不断探索、不断发展、不断完善的过程。 同时，内部控制机制已经逐渐从企业自发的内部牵制措施演变为现代管理上的内部控制制度，并且逐步巩固为公共政策。

以 2002 年美国《萨班斯－奥克斯利法案》的颁布为标志，在一些经济发达的国家，对关系社会、经济稳定的重点领域，内部控制已经完成了由自发性制度到强制性公共政策的转变。

内部控制作为现代企业管理构架的重要组成部分，是一个企业持续健康发展的基本保证。 内部控制向强制性公共政策的转变，可以进一步满足企业的管理要求，预防企业的舞弊行为，同时降低企业信息的不对称性，增强投资者决策的有效性。

美国颁布《萨班斯－奥克斯利法案》后，许多国家都纷纷修订或制定了与内部控制相关的法规。就我国而言，基本上实施的是《萨班斯－奥克斯利法案》的规则，通过系列法规和指引的颁布，基本建立了我国企业内控规范体系，确立了企业内控有效性的自我评价制度和注册会计师审计制度。

目前，很多企业还未意识到内部控制的重要性，对内部控制也存在很多误解，甚至有些企业对内部控制的概念非常模糊，再加上企业在治理结构上的先天不足，以及企业结构和人员素质等方面的原因，致使我国企业内部控制普遍薄弱。

作为现代企业的管理者,就内部控制而言必须厘清3个基础概念:

(1)**企业建设与实施内部控制不仅是应对外部政策的形式要求,也是企业内部管理的需要**。企业应当从建立健全长效机制和促进企业可持续发展出发,将内部控制作为一项常规性工作,贯穿于企业的始终。

(2)**内部控制与风险管理趋于融合,两者都注重发展战略、市场运行、财务管理、法律规范以及经营管理等方面的内容**。内部控制的目标就是防范和控制风险,促进企业实现发展战略,风险管理的目标也是促进企业实现发展战略,两者都要求将风险控制在可承受范围之内。因此,内部控制与风险管理不是对立的,而是一个协调统一的整体。

(3)**内部会计控制是企业传统的控制方式**。随着内部控制的发展,单一的会计控制已无法全面地防范企业风险,协同各业务层面和各部门流程环节,**建立全面的内部控制势在必行**。只有做好管理控制,形成全员、全要素、全流程的内部控制,才能真正明确会计控制的基础和目标。